부동산 실전핵심 권리분석과
부실채권 배당 완전 정복

# 부동산 실전핵심 권리분석과 부실채권 배당 완전 정복

김규석 지음

한국경제신문i

# 드리고 싶은 말씀

부동산 경매의 꽃이라 하는 '권리분석'이 어렵다고 하시는 분들은 학창 시절에 어렵게 배웠던 수학과 같다고 생각하는 분들이 많습니다.

저도 처음에는 그랬습니다. 그래서 '권리분석'을 공식화시키면 재미날 것도 같고 해서 부동산 경매에 관한 것들을 하나씩 공부하고 관련 판례들도 읽어가면서 실전에서도 부딪쳐보기도 하면서, 그렇게 쌓아왔던 경매실력으로 강의를 하고, 학원도 운영하고, 이렇게 4번째, 5번째 책도 내고 하면서 어느덧 약 30년의 세월이 흘렀습니다.

"아는 것이 힘이다!"라는 만고의 진리로 부동산 경매에서 잘 알아두어야 하는 부분들은 민사집행법과 대법원판례에 근거하여 정리하였고, 특히 '권리분석'은 평소 제 자신이 안전하게 입찰을 보기 위하여 간단명

료하게 정리한 권리분석 공식에 의거하여 정리해두었기 때문에 경매초 보자분들도 쉽게 이해하고, 이 책을 통해서 간접적으로나마 많은 실전 경험을 쌓을 수 있도록 하였습니다.

그리고 오랜 동안 경매물건을 분석해온 저로서는 너무나 많은 임차인 들이 임대차보호법을 몰라서 보증금 손해를 보는 것을 보아왔습니다. 이렇게 임대차보호법은 사회생활에서는 너무나 중요하고 필요한 법이 지만, 평생 한 번도 제대로 교육받을 기회를 갖지 못하여 그저 주택임 대차보호법과 상가건물임대차보호법이라는 법률의 이름만 아는 정도 일 것입니다.

따라서 주택임대차보호법과 상가건물임대차보호법은 개인의 소중한 재산을 지키기 위해서 반드시 공부해두어야 합니다. 그렇지 않으면 고 생고생하며 모은 재산을 지키지 못할 수도 있기 때문에 임대차보호법 에 대해서도 권리분석과 배당사례를 넣어 각각의 법률을 잘 이해할 수 있도록 기술하였습니다.

그리고 금번에는《부동산 경매·명도 절차와 권리분석 공식 완전 정복》 과《부동산 실전핵심 권리분석과 부실채권 배당 완전 정복》을 동시에 출판하게 됩니다.

《부동산 경매·명도 절차와 권리분석 공식 완전 정복》에서는 제1장 경 매신청에서 매각준비까지, 제2장 입찰에서 소유권이전까지, 제3장 명도(인도) 성공하기, 제4장 상가건물임대차보호법 핵심정리, 제5장 부동산 경매로 물권 이해하기, 제6장 권리분석 공식 이해하기로 편성하였습니다.

《부동산 실전핵심 권리분석과 부실채권 배당 완전 정복》에서는 실전을 위주로 제1장 권리분석시 확인사항, 제2장 입찰과 낙찰에 성공하기, 제3장 주택임대차보호법 핵심정리, 제4장 실전 핵심 권리분석, 제5장 매각대금의 배당(배분)으로 편성하여 잘 정리해두었으니 많은 도움이 되리라 생각합니다.

이제, 저는 경매고수가 되시려는 분들께 두 가지 말씀을 꼭 드리고 싶습니다.
첫째, 경매의 고수가 되기 위해서는 '아는 것이 힘이다!'
둘째, 재테크를 위해서는 '내 재산 지키기가 먼저다!'

그리고 제가 운영하는 유튜브 방송인 '김샘의 부동산 경매'에서 다시 독자를 만나뵐 수 있을 것을 간절히 고대하겠습니다. 끝으로 이 책의 출판까지 많은 지원과 관심을 주시며 편집에 애써주신 두드림미디어 한성주 대표님과 우민정 팀장님께 감사드리며, 지금도 경매에서 성공하고 응원해주고 계시는 제자분들께도 감사드립니다.

김규석 드림

## 제3장
# 주택임대차보호법 핵심정리

## 제4장
# 실전 핵심 권리분석

## 제5장
## 매각대금의 배당(배분)

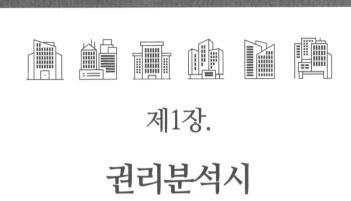

제1장.

# 권리분석시
# 확인사항

응찰하고 싶은 경매목적부동산이 선정되었다면 매수시 인수하여야 할 권리나 부담이 있게 될 요소가 무엇인지를 반드시 체크 확인하여야 한다.

- 등기상 매수인 인수권리 유무 확인
- 대항력 있는 임차인 유무 확인 및 인수보증금 액수 확인
- 임차인 권리신고·배당요구신청 유무 및 가장임차인 여부 확인
- 소유자, 채무자, 임차인 등의 실제 거주 여부 및 공실 유무 확인
- 특별매각조건(*인수권리, 입찰보증금 20%, 농지취득자격증명원 제출 등) 확인
- 재매각물건인 경우 재매각 사유 점검 확인
- 매각물건명세서상 매각으로 말소되지 않는 인수권리 유무 확인
- 대위변제 가능성 여부 확인
- 유치권 유무 및 성립 여부 확인
- 대지권제외·토지별도등기 유무 확인
- 제시외 건물·법정지상권 유무 및 성립 여부 확인
- 공사 중단된 건물의 건축허가승계 가능성 여부 확인
- 양도금지 재산 여부 확인
- 위락시설 내의 업종 승계가능성 확인

- 공장허가·영업허가 여부 확인

- 진입도로나 맹지 여부 확인

- 화재, 침수, 누수 등 매각부동산상의 하자 유무 확인

- 관리비 등의 각종 공과금 및 수도·가스 사용료의 체납 유무 확인

- 인도명령 대상·명도소송 대상 여부 확인

- 불법·위반건축물 여부 및 원상회복의무·이행강제금 부담 유무 확인

## 지분매각인 경매목적부동산 입찰시 유의사항

지분매각인 경매목적부동산을 입찰할 경우 공유자에게 우선매수권이 있어 응찰자가 최고가매수신고인이 되더라도 그 자격을 우선매수신고를 한 공유자에게 돌려주게 되거나, 공유자의 우선매수신고가 없는 경우라도 매수 후에 매매나 사용 등에 여러 가지의 제한이 따를 수 있다.

그러나 지분매각의 물건은 매각가가 보통의 물건들보다는 대부분 저가의 가격으로 매각되기도 하므로 응찰자가 만족할 만큼 가격이 저렴하다면 매수를 노려볼만 하다.

그리고 권리관계가 복잡하다고 생각하거나 공유자가 반드시 우선매수신청을 할 것이라고 판단하여 무조건 입찰을 포기하여야 하는 물건으로 생각해서는 안 된다. 왜냐하면 지분물건이라고 해서 반드시 공유자가 우선매수신고를 한다는 보장도 없기 때문이다.

지분권자에게는 공유물분할청구권이란 권리도 있으므로 공유자 상호간 협의가 잘 되지 않아 이 권리를 행사하면 보통 법원은 공유물분할경매인 형식적 경매를 통하게 되는데, 이런 경우 타 공유자에게도 손실이 따를 수 있기 때문에 공유자 간의 협의가 그렇게 어렵지 않을 수도 있다.

## 재개발지역 지분경매물건 입찰시 유의사항

지분물건은 타 지분권자들과의 권리관계가 다소 복잡하다는 사유로 보통 감정가의 절반 정도의 수준으로 매각에 나와 있는 것도 많으며, 재개발지역 내의 지분물건은 아파트 등의 분양자격을 받을 수 있을 것으로 믿고 보통의 지분물건보다 좀 더 높은 가격에 낙찰이 되는 사례들을 종종 보기도 한다.

그러나 재개발지역 지분경매물건의 허와 실이 다소 있을 수 있다. 왜냐하면 재개발지역 내의 지분물건이라고 해서 무턱대고 분양자격도 없는 물건에 비싼 가격으로 입찰을 보는 것이 문제이기 때문인데, 상황에 따라서는 혼자만이 분양자격을 갖게 되는 것이 아니라 분양자격 한 개를 두고 타 지분권자와 지분만큼의 공동조합원이 되기도 하기 때문이다.

또한 최저매각가가 크게 낮아졌다 해도 조합원 지분가치를 산정하는 보상평가금이 보통 감정가의 절반 수준에 못 미치고 있는 것이 다수이므로 크게 실익이 없을 수도 있기 때문에 재개발지역 내의 지분물건을 입찰 볼 때에는 분양자격은 물론이고 그 실익을 잘 따져보아야 한다.

## 지분경매물건 여부 확인

지분경매라는 사실을 알고 입찰에 응하는 것은 모르나, 간혹 지분경매인 줄 모르고 가격이 너무 싸게 떨어져 있다고 입찰을 보아 낭패를 보는 경우가 종종 있다. 이렇게 지분경매인 줄을 모르고 입찰하였다가 후에 이의 사실을 알고 대금납부를 못하는 것은 물론 입찰보증금만 날려버린 채 재매각되는 것을 가끔씩 볼 수 있다. 그러므로 등기부등본과 법원에서 제공하는 열람서류 등을 잘 확인하여야 한다.

## 면적 산정법

- m²를 평으로 환산시 : m² 면적×0.3025 또는 m² 면적÷3.3058=평 면적
- 평을 m²로 환산시 : 평 면적×3.3058 또는 평 면적÷0.3025=m² 면적

## 공유지분 계산법

- 600m²(1/2) 표기 : 600m²의 1/2이므로 300m².
- 2,000m²(12345/23456) 표기 : 2,000×12,345÷23,456=1,052.6m².
- 3456/4567m² 표기 : 토지 전체의 넓이가 4,567m²이고, 이 중 3,456m²가 경매할 지분이다.

---

**공동소유(민법 제3절)**
**물건의 공유(제262조)**
① 물건이 지분에 의하여 수인의 소유로 된 때에는 공유로 한다.
② 공유자의 지분은 균등한 것으로 추정한다.

**공유지분의 처분과 공유물의 사용, 수익(제263조)**
공유자는 그 지분을 처분할 수 있고 공유물 전부를 지분의 비율로 사

용, 수익할 수 있다.

## 공유물의 처분, 변경(제264조)
공유자는 다른 공유자의 동의 없이 공유물을 처분하거나 변경하지 못한다.

## 공유물의 관리, 보존(제265조)
공유물의 관리에 관한 사항은 공유자의 지분의 과반수로써 결정한다. 그러나 보존행위는 각자가 할 수 있다.

## 공유물의 부담(제266조)
① 공유자는 그 지분의 비율로 공유물의 관리비용 기타 의무를 부담한다.
② 공유자가 1년 이상 전항의 의무이행을 지체한 때에는 다른 공유자는 상당한 가액으로 지분을 매수할 수 있다.

## 지분포기 등의 경우의 귀속(제267조)
공유자가 그 지분을 포기하거나 상속인 없이 사망한 때에는 그 지분은 다른 공유자에게 각지분의 비율로 귀속한다.

## 공유물의 분할청구(제268조)
① 공유자는 공유물의 분할을 청구할 수 있다. 그러나 5년 내의 기간으로 분할하지 아니할 것을 약정할 수 있다.
② 전항의 계약을 갱신한 때에는 그 기간은 갱신한 날로부터 5년을 넘지 못한다.
③ 전2항의 규정은 구분소유건물과 경계표의 공유물에는 적용하지 아니한다.

## 분할의 방법(제269조)
① 분할의 방법에 관하여 협의가 성립되지 아니한 때에는 공유자는 법

원에 그 분할을 청구할 수 있다.

② 현물로 분할할 수 없거나 분할로 인하여 현저히 그 가액이 감손될 염려가 있는 때에는 법원은 물건의 경매를 명할 수 있다.

### 분할로 인한 담보책임(제270조)

공유자는 다른 공유자가 분할로 인하여 취득한 물건에 대하여 그 지분의 비율로 매도인과 동일한 담보책임이 있다.

참고로 구체적인 사용·수익을 위해서는 공유자들이 협의하여야 한다. 공유자들 간 합의 없이는 공유자 중의 한 사람이라 하더라도 공유부분의 특정부분을 배타적으로 사용·수익할 수 없다. 그 특정한 부분이 자기의 지분비율에 상당하는 면적의 범위 내라 할지라도 마찬가지이다. 이러한 협의는 공유물의 관리에 해당하므로 공유자지분의 과반수로써 결정한다.

# **03** 공유자의 우선매수권과 우선매수신고

일반적으로 공유자란 부동산의 공동소유자를 말한다. 그러나 경매에서의 의미는 경매목적부동산 중 채무자의 지분이 아닌 다른 지분을 소유한 자를 일컫는 한정된 의미로 사용되며 해당 경매사건의 이해관계인이다.

## 공유자 우선매수권

공유자 우선매수권이란 공유물 지분경매의 경우 타 공유자가 매각기일까지 최저매각가의 10%에 해당하는 현금이나 법원이 인정하는 유가증권을 집행관에게 보증을 제공하며 최고가매수신고가격과 같은 가격으로 채무자의 지분을 우선매수하겠다는 신고를 할 수 있는 권리를 말한다.

## 공유자 우선매수신고의 장점

집행관이 최고가매수신고인의 성명과 그 가격을 호창, 차순위매수신고 최고 후 적법한 차순위매수신고가 있으면 차순위매수신고인을 정하여 그 성명과 가격을 호창하고 매각기일을 종결한다는 고지를 하기 전까지 공유자는 우선매수신고를 할 수 있으며, 공유자의 우선매수신고가 있는 경우 법원은 최고가매수신고가 있더라도 그 공유자에게 매각을 허가하여야 한다.

만약 수인의 공유자가 우선매수신고를 하는 경우 특별한 협의가 없으면 공유지분의 비율에 따라 지분을 매수한다.

공유자가 우선매수신고를 하였으나 다른 매수신고인이 없을 때에는 최저매각가격으로 매수신고할 수 있다.

최고가매수신고인이 있을 경우 동일 가격으로 공유자가 최고가매수신고인이 되며, 이때 최고가매수신고인은 차순위매수신고인으로 본다. 그러나 집행관이 매각기일을 종결한다는 고지를 하기 전까지 차순위매수신고인의 지위를 포기할 수 있다.

---

### 공유물 분할을 위한 형식적 경매에서는 공유자 우선매수신청 불가

공유물분할의 방법에 관하여 협의가 성립되지 아니한 때에는 공유자는 법원에 그 분할을 청구할 수 있는데, 현물로 분할할 수 없거나 분할로 인하여 현저히 그 가액이 감손될 염려가 있는 때에는 법원은 물건의 경매를 명할 수 있다(*민법 제269조).

그리고 공유물 분할을 위한 형식적 경매에서 공유지분권자는 우선매수권을 행사할 수 없다. 왜냐하면 공유물 분할을 위한 형식적 경매는 전체지분을 매각하는 것이기 때문이다.

단, 공유지분경매와 공유물분할을 위한 경매가 경합하는 경우, 즉 애당

---

초 공유지분을 갖고 있던 공유자가 상속재산 분할 당사자인 공유자로서의 지위와 경매대상이 아닌 공유지분권자로서의 지위도 겸하고 있다면 공유자로서 우선매수신청이 가능하다.

공유물 분할을 위한 형식적 경매에서 공유지분권자의 입찰에는 그 제한이 없으므로 입찰할 수 있고, 공유지분권자가 입찰에 참여한 후 낙찰을 받게 되면 그 지분비율에 해당하는 배당액만큼을 상계신청도 할 수 있다.

## 04 대위변제

## 대위변제의 의의

대위변제란 이해관계가 있는 제3자가 채무자 대신 채무를 변제할 때, 채권자가 채무자에 대하여 가지고 있던 권리(*채권자대위권, 채권자취소권, 손해배상청구권, 이행청구권 등)를 변제자에게 이전하는 것을 대위변제라고 한다. 즉 제3자가 채무자의 채무를 대신 갚으면 채권자가 채무자에게 가지고 있던 권리가 제3자인 변제자에게 이전되는 것이다.

## 대위변제의 가능성

대위변제의 가능성은 말소기준권리가 되는 담보물권의 실제 채권액이 적고, 말소기준권리 후의 채권액이 많을수록 높다. 대위변제로 인하여 경매 과정에서 일부의 권리가 말소되고 권리의 순위가 바뀌는데, 경우에 따라서는 뜻하지 않게 매수인이 인수하여야 하는 권리가 생길 수 있다.

따라서 경매에 참가하면서 대위변제를 할 가능성이 없는지를 반드시 체크해보아야 한다. 특히 임차인이 많은 경우, 선순위의 채권을 합한 금액이 적은 경우, 최저매각가가 공시지가보다 훨씬 낮은 경우, 특히 말소기준권리 바로 다음에 주택임차권이나 가등기·가처분이 있는 경우에는 대위변제의 가능성이 있다고 볼 수 있다.

## 이의신청

매각결정기일 전에 선순위 저당권이 말소된 것을 알게 된 경우에는 즉시 매각불허가 신청을 내고, 매각허가결정 후에 이를 알게 된 경우에는 매각허가에 대한 이의신청이나 매각대금감액신청을 하여 구제받을 수 있다.

## 대위변제에 대한 법원의 처리

대위변제로 인한 임차인의 순위상승은 주거안정의 목적을 위하여 제정된 주택임대차보호법의 취지에도 잘 맞다. 다만 경매법원으로서는 매각기일 이후의 후순위 권리자의 대위변제로 인하여 경매절차가 번거로워지는 것과는 관계없이 매각허가결정에 대한 처리가 복잡해지는 것이 문제이다.

대위변제하여 순위가 상승함으로써 매수인에게 대항할 수 있는 권리로 변경되었다고 해서 매수인에게 부담의 증가를 떠넘길 수만은 없다. 그래서 경매법원은 후순위 권리자의 대위변제의 종기를 매각대금납부일 전까지로 허용하여 후순위 권리자의 권익을 보호하되 이로 인하여 매수인에게 부담의 증가가 발생했을 때에는 매수인 또한 구제하기 위하여 대금납부 전까지는 매수인으로부터 매각대금감액 신청을 받거나 매각허가결정의 취소신청(*매각결정기일까지는 매각불허가신청)을 받아들여 매수인의 피해를 구제한다.

## 대위변제 가능성 있는 권리분석

예) 서울의 아파트로 현재 최저매각가가 2억 원이며, 다음과 같다고 가정해보자.

| 번호 | 대항·접수일 | 권리 | 금액(만 원) |
|---|---|---|---|
| 1 | 2018. 6. 2 | 저당권 | 2,000 |
| 2 | 2019. 6. 2 | 홍길동 확정일자 없고, 배당요구 | 15,000 |
| 3 | 2020. 6. 2 | 저당권 | 8,000 |
| 4 | 2021. 6. 2 | 저당권 | 7,000 |

위의 사례에서 살펴보면 최저매각가가 2억 원이므로 매각은 통상 2억 원 이하로 될 것이고, 2번 임차인 홍길동은 선순위 저당권보다 전입일자가 늦기 때문에 대항력이 없으며, 배당요구신청을 하였지만 소액보증금(*최초담보물권인 저당권은 2018. 6. 2 설정되었으므로 주택임대차보호법상 2016. 3. 31~2018. 9. 17의 경과별 소액보증금은 1억 원 이하임)에 해당하지 않아 최우선변제권이 없다. 그리고 확정일자도 없기 때문에 우선변제권도 없는 상황이다.

그러므로 이런 경우 임차인은 배당금이 한 푼도 없을 수가 있다. 만약 이 물건이 1억 5,000만 원에 매각되었다고 가정하면 배당금 전액이 1, 3, 4번 저당권자들에게 순차적으로 지급될 것이므로 임차인 홍길동은 회수할 배당금이 한 푼도 없다.

이런 상황을 알아차린 임차인이 매각결정기일(*실무상 매각대금 납부 전까지)까지 1번 선순위 저당권의 채권액 2,000만 원을 대신 상환해버리면 선순위의 저당권은 소멸될 것이고, 그러면 임차인 홍길동은 대항력이 생겨나서 매수인에게 대항할 수 있게 될 것이다. 따라서 후순위인 임차인 홍길동의 대위변제로 인하여 매수인은 임차인의 보증금 15,000만 원을 인수하게 될 것이고, 임차인 홍길동은 막대한 보증금 손실을 줄일 수가 있게 되었다.

결국 대위변제로 임차인은 단 한 푼도 배당을 받을 수 없는 상황에서 생겨난 대항력으로 인하여 보증금 15,000만 원을 매수인으로부터 받을 수가 있게 되므로 매수인의 입장에서는 임차인의 보증금 15,000만 원을 추가로 부담하는 돌발 상황이 발생하게 된다.

그러므로 입찰자는 선순위 채권이 적을 때에는 후순위자의 대위변제에 주의를 기울여야 하며, 매수인이 된 후에는 대금납부 전까지 등기부상 선순위권자가 말소되었는지의 여부를 확인하기 위해서 등기부등본을 열람하여야 한다.

> **낙찰대금지급기일 이전에 선순위 근저당권이 소멸함으로써 원래는 소멸할 예정이던 후순위 임차권의 대항력이 소멸하지 않고 존속하는 것으로 변경된 경우, 낙찰인의 구제 방법**(대판 1998. 8. 24 선고 98마1031 [2])
> 선순위 근저당권의 존재로 후순위 임차권의 대항력이 소멸하는 것으로 알고 부동산을 낙찰받았으나, 그 이후 선순위 근저당권의 소멸로 인하여 임차권의 대항력이 존속하는 것으로 변경됨으로써 낙찰부동산의 부담이 현저히 증가하는 경우에는 낙찰인으로서는 민사소송법 제639조제1항의 유추적용에 의하여 낙찰허가결정의 취소신청을 할 수 있다.

## 매각허가결정의 취소신청(*민사집행법 제127조 : 민사소송법 제639조)

① 제121조제6호(*천재지변, 그 밖에 자기가 책임을 질 수 없는 사유로 부동산이 현저하게 훼손된 사실 또는 부동산에 관한 중대한 권리관계가 변동된 사실이 경매절차의 진행 중에 밝혀진 때)에서 규정한 사실이 매각허가결정의 확정 뒤에 밝혀진 경우에는 매수인은 대금을 낼 때까지 매각허가결정의 취소신청을 할 수 있다.

② 제1항의 신청에 관한 결정에 대하여는 즉시항고를 할 수 있다.

## 대위변제금의 회수

대위변제된 금원은 채무자에 대한 일반채권이며, 이의 채권에 의해 구상권이라는 특정한 권리로 인하여 구상금청구소송을 통하여 집행권원을 확보할 수가 있다. 그러나 집행권원을 확보한 대위변제자의 채무자에 대한 채권회수는 채무자가 채무를 변제할 수 있는 경제적 여건이 형성되었을 때에야 비로소 가능할 것이다.

# 05 제시외 건물

경매사건의 입찰을 위해 경보정보지나 법원사건기록서류 등을 검토하다 보면 '제시외 건물' 또는 '제시외 물건'이란 용어가 기재되어 있는 경매물건을 간혹 보게 된다.

## 제시외 건물의 의의

제시외 건물이란 경매목적물의 토지상에 건물이 있으나 경매목적물이 아닌 건물로서 경매신청채권자가 신청하지 않은 건물이거나, 제3자 소유로 등기된 건물이기 때문에 매각에서 제외된 건물이거나, 현재 소유자인 채무자 소유의 물건이나 미등기상태인 건물이어서 매각에는 포함된 제시외 건물인 것이거나 한 건물이다.

## 제시외 건물의 종류

입찰예정자는 권리분석시 제시외 건물에 대해서는 그 제시외 건물이 어떤 종류에 해당하고 있는지 한 번 더 주의 깊게 살펴보아야 한다.

① 제시외 건물이 토지소유자의 건물로서 주물의 처분에 따르게 되는 종물 또는 부합물에 해당하는 건물인지의 여부
② 제시외 건물이 감정평가가 되지 않은 이유가 토지소유자의 독립한

건물(*등기되거나 미등기이거나 불문) 때문에 매각에는 제외된 건물인지의 여부
③ 제시외 건물이 제3자 소유명의로 등기된 건물이라 매각에서 제외된 건물인지의 여부
④ 제시외 건물이 제3자 소유의 미등기 건물인지의 여부

이상과 같이 제시외 건물이라도 매각에 포함되어 매수에 아무 문제가 없는 것인지, 아니면 제시외 건물로 인하여 매수인에게 향후 어떤 소유 분쟁 등의 문제가 발생하게 될 것인지의 여부를 잘 분석해보아야 한다.

## 제시외 건물의 법정지상권 성립 구분

앞서 ①의 경우

제시외 건물이 감정평가가 이루어져 매각에 포함하여 경매절차를 진행하거나 매각에 포함하지 않고 경매절차를 진행하더라도 매수 후 법정 지상권 성립과는 아무 관계가 없으므로 취득에 문제될 것은 전혀 없다.

앞서 ②의 경우

제시외 건물이 종물이나 부합물로 볼 수가 없는 토지소유주의 독립한 건물이 있기 때문에 감정평가도 하지 않고 매각에서 제외하여 경매절차를 진행하는 것이므로, 이런 경우는 그 건물이 등기된 건물이거나 미등기된 건물이거나 불문하고 매수 후 법정지상권이 성립한다. 단, 토지에 저당설정 당시에 존재하고 있었던 건물에 한한다.

앞서 ③의 경우

제시외 건물이 토지소유자와 다른 제3자 소유의 등기된 건물이기 때문에 감정평가도 하지 않고 매각에서 제외하여 경매절차를 진행하는 것이다. 이런 경우는 그 건물이 법정지상권 성립요건에 맞지 않는 경우에 해당하면 법정지상권 성립의 문제는 없으므로 매수 후 건물철거소송을 통하여 철거를 할 수 있는 것이다. 그러나 제3자가 이미 법정지상권을 취득하고 있는 경우가 있을 수 있으므로 이런 경우는 매수 후 제3자에 대하여 법정지상권을 인정하여야 한다.

앞서 ④의 경우
• 제시외 건물이 제3자 소유의 미등기 건물이기 때문에 감정평가도 하지 않고 매각에서 제외하여 경매절차를 진행하는 것이고, 지상권을 설정하지 않고 축조한 미등기 건물인 제시외 건물은 토지취득 후 건물철거소송 및 대지인도청구소송을 하면 된다.

• 만약 처음에는 제3자가 그 미등기 건물에 대하여 법정지상권을 갖고 있었다 하더라도 법정지상권 취득 후 지상권설정등기(*공시)되지 않은 상태에서 매매 기타 원인으로 토지나 건물이 매각되어 소유자가 각기 달라지면 관습상의 법정지상권은 성립하지 않으므로 건물철거소송 및 대지인도청구소송을 하면 된다.

## 제시외 건물 분석시 유의사항
따라서 제시외 건물이 있는 경매물건을 입찰하려 할 때에는 법원에서 감정평가서 등의 법원기록을 잘 열람하여 제시외 건물이 매각에 포함되었는지의 여부와 포함되지 않았다면 토지상의 건축물관리대장과 건물등기부(*미등기건물에 대하여는 등기부상으로 확인이 되지 않음)를 발급받아 제시외 건물의 소유자가 누구인지의 여부를 현장실사를 통하여 점검해보아야 한다.

이때 제시외 건물이 매각에서 제외된 채 경매로 나온 물건으로서 법정지상권의 성립이 안 되는 물건이라고 판단되면 취득 후 대지인도청구소송이나 건물철거소송을 통하여 정리할 수 있는 건물이고, 경매취득 후 건물소유자와 합의가 도출이 될 정도의 건물이라고 권리분석이 된다면 입찰을 군이 피할 이유는 없다.

그러나 부합물이나 종물이 아닌 제시외 건물에 대해서는 저당권의 효력이 미치지 않아 그 취득이 불가능하게 되므로 취득 후 법정지상권의 성립이 될 수 있는 제시외 건물이라고 판단된다면 일단은 입찰을 피해야 하는 것이 좋다.

## 매각부동산에 속하는 종물

우리 민법 제100조(주물, 종물)에 의하면 물건의 소유자가 그 물건의 상용에 공하기 위하여 자기 소유인 다른 물건을 이에 부속하게 한 때에는 그 부속물은 종물이며, 종물은 주물의 처분에 따른다고 정하고 있다.

그러므로 저당권은 그 목적부동산의 종물에 대하여도 그 효력이 미치므로 저당권실행으로 인하여 개시된 경매절차에서 부동산을 매수한 자는 종물의 소유권도 함께 취득하는 것이다.

## 종물의 요건

- 주물의 상용에 이바지할 것
- 주물에 부속된 것일 것
- 주물로부터 독립된 물건일 것
- 주물, 종물 모두 동일한 소유자에게 속할 것

## 부동산의 정착물과 종물

토지의 정착물에는 토지와 별개의 부동산이 되는 것(*건물, 입목)과 토지의 일부로 종물(*교량, 돌담, 도로의 포장, 도랑 등)인 것으로 나눈다.

부동산의 정착물인 지하주차장, 지하저유시설, 정원석, 연못, 정원수 등과 토지의 구성부분인 암석, 토사 등은 토지의 매수인이 소유권을 취득한다.

그리고 횟집건물의 수족관, 주유소의 지하 유류저장탱크 및 지상의 주유기(*대판 1995. 6. 29 선고 94다6345), 건물의 기계실에 설치된 전화교환설비(*대판 1993. 8. 13 선고 92다43142), 창고와 공동화장실(*대판 1991. 5. 14 선고 91다2779) 등은 종물에 속한다.

## 제시외 건물을 종물 또는 부합물로 인정한 대법원판례

**기존 건물의 외곽에 덧붙여 증축한 부엌 및 방의 기존 건물에의 부합 여부**(대판 1981. 7. 7 선고 80다2643, 2644)

기존 건물인 세멘부록조 세멘와즙 평가건 주택 1동 건평 21평 8합의 외곽에 덧붙여 세멘부록조 스레트즙 부엌 3개와 방 4개 합계 건평 18평 9합을 증축하였다면 그 증축된 건물은 기존 건물에 부합되어 전체가 1동의 주택을 이루고 있다고 할 것이다.

**기존 건물의 경락인이 경매목적물로 평가되지 아니한 증축부분(부합물)의 소유권을 취득하는지 여부**(대판 1981. 11. 10 선고 80다2757, 2758)

건물이 증축된 경우에 증축부분이 본래의 건물에 부합되어 본래의 건물과 분리하여서는 전혀 별개의 독립물로서의 효용을 갖지 않는다면, 위 증축부분에 관하여 별도로 보존등기가 경료되었고 본래의 건물에 대한 경매절차에서 경매목적물로 평가되지 아니하였다고 할지라도 경락인은 그 부합된 증축부분의 소유권을 취득한다.

## 제시외 건물을 독립한 건물로 인정한 대법원판례

### 저당부동산의 종물인 여부의 판단기준(대판 1985. 3. 26 선고 84다카 269)

저당권의 효력이 미치는 저당부동산의 종물이라 함은 민법 제100조가 규정하는 종물과 같은 의미로서 종물이기 위하여는 주물의 상용에 이바지 되어야 하는 관계가 있어야 하는바 여기에서 주물의 상용에 이바지 한다 힘은 주물 그 자체의 경제적 효용을 다하게 하는 작용을 하는 것을 말하는 것으로서 주물의 소유자나 이용자의 상용에 공여되고 있더라도 주물 그 자체의 효용과는 직접 관계없는 물건은 종물이 아니다.

### 제3자 소유인 별개의 독립된 건물을 채무자 소유 건물의 부합물로 경락받은 경우 경락인이 그 소유권을 취득하는지 여부(대판 1990. 10. 12 선고 90다카27969)

채무자 소유의 대지와 건물에 대한 경매절차에서 경락인이 위 대지와 건물을 경락받으면서 위 대지상에 있으나 제3자 소유인 별개의 독립된 건물을 채무자 소유 건물의 부합물로 경락을 받았다고 하더라도 그 소유권을 취득할 수 없다.

## 06 토지별도등기

### 토지별도등기의 의의

토지별도등기란 집합건물의 대지권등기 전에 토지에 대하여 있던 권리가 말소되지 않고 아직 살아있음을 의미한다.

### 토지별도등기의 인수

토지(*대지) 전부에 저당권이 설정되어 있는 상태에서 그 후 토지상에 아파트 등의 집합건물을 신축하고, 각 구분건물에 대하여 대지권등기를 필하였을 경우 경매와 관련하여 복잡하고 어려운 문제가 발생하게 된다.

이러한 경우 건물의 대지권등기를 원천적으로 불허하든지 아니면 대지권등기를 하면서 토지저당권을 각 구분건물별로 분할등기를 하여야 하는데, 그렇게 하지 않고 대지권등기를 하다 보니 법률관계가 복잡해지게 된 결과를 낳은 것이다.

결과적으로 토지별도등기의 물건을 매수하게 되면 토지상 저당권 등의 별도등기는 그대로 인수하게 된다. 이때 대지권등기가 경료된 물건을 매수하면 별 문제가 없으나 토지별도등기에 의하여 대지권을 확보하지 못한, 즉 대지권이 없는 물건을 매수하게 되면 추가로 대지권을 획득하는 데에 필요한 추가비용이 들게 된다.

만약 이때 법원에서 토지별도등기권자로 하여금 채권신고를 하게 하여 경매목적물의 구분건물에 대한 대지권비율만큼의 금액을 배당받아 가고 토지저당권의 일부를 말소시켜줌과 동시에 매수인이 대지권을 확보할 수 있도록 하여주는 방법을 택하면 이 문제는 원만히 해결될 것이다.

### 토지별도등기에 대한 그 원인이 소멸되었는데도 불구하고 토지별도등기가 말소되지 않은 경우

간혹 토지별도등기에 대한 그 원인이 소멸되었는데도 불구하고 토지별도등기를 말소하지 않은 경우가 있다. 이런 경우는 등기소에 토지의 모든 권리가 소멸되었음을 고지하여 말소를 청구하면 등기관의 직권으로 말소시켜 준다.

## 07 대지권 미등기

### 대지권의 의의

대지권이라 함은 구분소유자가 전유부분을 소유하기 위하여 건물의 대지에 대하여 가지는 권리를 말한다.

부동산등기법에서의 정의에 의하면 대지사용권으로서 전유부분(*건물)과 분리하여 처분할 수 없는 것을 말하며, '집합건물의 소유 및 관리에 관한 법률'에서 규정한 대지사용권과 전유부분에 할당된 토지의 비율, 즉 전유부분에 속한 대지의 면적을 말하는 복합적인 의미를 가지기도 한다.

### 대지권 미등기의 의의

실제 대지권이 있으나 아파트와 같은 집합건물의 경우 대지의 분·합 필 및 환지 절차의 지연, 각 세대당 지분비율 결정의 지연, 건설업체의 내부적인 사정, 타 전유부분 소유자의 분양대금 완납지연의 문제 등으로 인하여 전유부분에 대한 소유권이전등기만 분양받은 자에게 경료되어 머물거나 그 후 부동산이 양도될 경우에도 전유부분에 대한 소유권이전등기만 경료되고, 그 대지지분에 대한 소유권이전등기는 상당기간 지체되는 그러한 상태의 지속을 의미한다.

그러므로 분양받은 자가 전유부분과 대지지분을 함께 분양의 형식으로 그 대금을 모두 지급했음을 시행자로부터 확인할 수도 있으며, 대지지분에 관한 감정평가액을 반영하지 않은 상태에서 경매절차를 진행하였다고 하더라도 전유부분에 대한 대지사용권을 분리처분할 수 있도록 정한 규약이 존재한다는 등의 특별한 사정이 없는 한 낙찰인은 경매목적물인 전유부분을 낙찰받음에 따라 종물 내지 종된 권리인 대지지분도 함께 소유권을 취득하는 데에 특별한 문제가 없다.

또한 분양자와 중간소유자의 적극적인 협력이나 계속적인 행위가 없더라도 그 목적을 달성할 수 있으므로 수분양자가 분양자에게 그 분양대금을 완납한 경우는 물론 그 분양대금을 완납하지 못한 경우에도 전유부분의 소유권자는 분양자로부터 직접 대지권을 이전받기 위하여 분양자를 상대로 대지권변경등기절차의 이행을 소구할 수 있고, 분양자는 이에 대하여 수분양자의 분양대금 미지급을 이유로 한 동시이행 항변을 할 수 있을 뿐이다.

> **미등기 대지권에 관한 대법원판례**
> 구분건물의 소유권이 대지권등기가 되지 않은 채 수분양자로부터 전전 양도되고 이후 분양자가 대지사용권을 취득한 경우, 구분건물의 현소유자가 분양자를 상대로 부동산등기법시행규칙 제60조의2에 의한 대지권변경등기를 직접 청구할 수 있는지 여부(대판 2004. 7. 8 선고 2002다40210 [2])
> 분양자가 전유부분의 소유자인 경락인을 위하여 하는 부동산등기법

시행규칙 제60조의2에 의한 대지권변경등기는 그 형식은 건물의 표시변경등기이나 실질은 당해 전유부분의 최종 소유자가 그 등기에 의하여 분양자로부터 바로 대지권을 취득하게 되는 것이어서 분양자로부터 전유부분의 현재의 최종 소유명의인에게 하는 토지에 관한 공유지분이전등기에 해당되고, 그 의사표시의 진술만 있으면 분양자와 중간 소유자의 적극적인 협력이나 계속적인 행위가 없더라도 그 목적을 달성할 수 있으므로, 전유부분의 소유권자는 분양자로부터 직접 대지권을 이전받기 위하여 분양자를 상대로 대지권변경등기절차의 이행을 소구할 수 있다.

**집합건물의 분양자가 수분양자에게 대지지분의 소유권이전등기나 대지권변경등기를 지적정리 후에 해주기로 하고 전유부분의 소유권이전등기만을 마쳐 준 상태에서 전유부분에 대한 경매절차가 진행되어 제3자가 이를 경락받은 경우, 수분양자가 분양대금을 완납하지 않았더라도 경락인이 대지사용권을 취득하는지 여부 및 이때 경락인이 분양자와 수분양자를 상대로 대지지분의 소유권이전등기절차 이행 등을 청구할 수 있는지 여부**(대판 2006. 9. 22 선고 2004다58611)

집합건물의 분양자가 수분양자에게 대지지분에 관한 소유권이전등기나 대지권변경등기는 지적정리 후 해주기로 하고 우선 전유부분에 관하여만 소유권이전등기를 마쳐 주었는데, 그 후 대지지분에 관한 소유권이전등기나 대지권변경등기가 되지 아니한 상태에서 전유부분에 대한 경매절차가 진행되어 제3자가 전유부분을 경락받은 경우, 그 경락인은 집합건물의 소유 및 관리에 관한 법률 제2조제6호의 대지사용권을 취득하고, 이는 수분양자가 분양자에게 그 분양대금을 완납한 경우는 물론 그 분양대금을 완납하지 못한 경우에도 마찬가지이다. 따라서 그러한 경우 경락인은 대지사용권 취득의 효과로서 분양자와 수분양자를 상대로 분양자로부터 수분양자를 거쳐 순차로 대지지분에 관한 소유권이전등기절차를 마쳐줄 것을 구하거나 분양자를 상대로 대지권

변경등기절차를 마쳐줄 것을 구할 수 있고, 분양자는 이에 대하여 수
분양자의 분양대금 미지급을 이유로 한 동시이행항변을 할 수 있을 뿐
이다.

# 08 학교, 종중 재산 등의 양도행위가 금지된 재산

대부분의 사람들은 유치원이 학교에 해당하는지의 여부를 잘 모르고 있다. 그러나 유치원은 초·중등교육법에 규정된 교육기관이다.

유치원 등을 비롯한 학교법인은 그 기본재산을 매도, 증여, 교환 또는 용도변경하거나 담보제공하고자 할 때 또는 의무의 부담이나 권리를 포기하고자 할 때에는 관할교육청의 허가를 받아야 한다.

그러므로 학교법인이 기본재산을 양도하는 경우뿐만 아니라 강제경매 절차에 의하여 양도되는 경우에도 관할교육청의 허가가 없다면 그 양도행위가 금지된다.

따라서 학교법인의 기본재산이 관할관청의 허가 없이 강제경매절차에 의하여 매각되어 그 매각을 원인으로 하여 매수인명의로 소유권이전등기가 경료되었다 하더라도 그 등기는 적법한 원인을 결여한 등기로서 매수인은 소유권을 잃게 되므로 주의를 요한다.

그러나 담보물권의 설정을 관할교육청으로부터 허가를 받은 경우와 무인가 유치원의 경우 담보권을 실행할 수 있다.

설립인가를 받지 않고 운영하는 무인가 유치원과 유치원이라는 이름으로 운영되는 어린이집의 경우는 대부분 교육청이 아닌 관할구청에서 운영에 관한 인허가를 받아서 운영되는 것이 많아 사립학교법에 저촉되지 않으므로 담보권실행을 위한 경매신청은 물론이고 경매취득에는 아무런 어려움이 없다.

그러므로 유치원 등의 학교가 경매목적부동산인 경우는 사립학교법에 해당하는 학교법인인지 아닌지를 잘 알아보아야 한다. 따라서 이를 위해서는 해당 물건 주소지의 관할교육청에 확인해보면 된다.

공익법인에 해당하는 장학재단의 재산이나 사회복지법인의 재산의 경우 임의경매에서는 매수가 불가능하나 관할관청의 허가를 받아 대출을 해준 근저당권자가 경매실행을 하는 경우의 물건취득에는 아무런 이상이 없다. 그러나 강제경매일 경우 매각결정일 전까지 주무관청의 허가서가 제출되어야만 매각허가가 난다.

종중 재산의 부동산은 종친회의 서명 및 날인이 있어야 근저당권 설정이 유효하므로 이런 행위를 종친회가 적법한 절차를 거쳐서 했는지의 여부가 매우 중요한 관건이다. 따라서 은행이 채권자로서의 근저당권자이면 경매신청을 어느 정도 신뢰할 수 있으나, 개인이 채권자로서의 근저당권자이면 낙찰받아 소유권을 이전해오더라도 그 근저당권이 원인무효가 되면 매수인은 그 소유권을 잃게 되고 만다.

## 취득이 무효로 될 수 있는 재산

**사립학교법 제28조**(재산의 관리 및 보호)

① 학교법인이 그 기본재산을 매도·증여·교환 또는 용도변경하거나 담보에 제공하고자 할 때 또는 의무의 부담이나 권리의 포기를 하고자 할 때에는 관할청의 허가를 받아야 한다. 다만 대통령령이 정하는 경미한 사항은 이를 관할청에 신고하여야 한다.

② 학교교육에 직접 사용되는 학교법인의 재산 중 대통령령이 정하는 것은 이를 매도하거나 담보에 제공할 수 없다.

— 이하 생략 —

**전통사찰보존법 제9조**(허가사항)

① 전통사찰의 주지는 동산이나 부동산(*해당 전통사찰의 경내지에 있는 그 사찰 소유 또는 사찰 소속 대표단체 소유의 부동산을 말한다. 이하 이 조에서 같다)을 양도하려면 소속 대표단체 대표자의 승인서를 첨부하여 문화체육관광부장관의 허가를 받아야 한다.

② 전통사찰의 주지는 다음 각호의 어느 하나에 해당하는 행위를 하려면 시·도지사의 허가를 받아야 한다. 허가 받은 사항을 변경하려는 경우에도 같다. 다만 제1호의 행위를 하려는 경우에는 소속 대표단체 대표자의 승인서를 첨부하여야 한다.

1. 동산 또는 부동산을 대여하거나 담보로 제공하는 행위

— 이하 생략 —

또한 제14조(전법용 건물 등의 압류 금지)는 전통사찰의 소유로서 전법에 제공되는 경내지의 건조물과 토지는 저당권이나 그 밖의 물권의 실행을 위한 경우 또는 파산한 경우 외에는 제4조에 따른 등록 후에 발생한 사법상의 금전채권으로 이를 압류할 수 없다고 하고 있다.

**향교재산법 제8조**(허가사항)

① 향교재단은 다음 각호의 어느 하나에 해당하는 때에는 대통령령으

로 정하는 바에 따리 특별시장·광역시장·도지사 또는 특별자치도지사(이하 "시도지사"라 한다)의 허가를 받아야 한다. 다만 제3호부터 제5호까지의 규정 중 어느 하나에 해당하는 경우로서 「문화재보호법」 제34조제3호에 따른 현상변경 허가를 받은 때에는 허가를 받지 아니하여도 된다.

1. 향교재산 중 동산이나 부동산을 처분하거나 담보로 제공하려는 때
– 이하 생략 –

또한 제10조(향교의 건물 등에 대한 압류 금지)는 향교재단이 소유하고 있는 건물과 대지로서 등기된 것 중 대통령령으로 정하는 것은 저당권이나 그 밖의 물권의 실행을 위한 경우나 파산의 경우 외에는 그 등기 후에 생긴 사법상의 금전채권으로써 압류할 수 없다고 하고 있다.

## 공익법인의 설립·운영에 관한 법률 제11조(재산)

① 공익법인의 재산은 대통령령으로 정하는 바에 따라 기본재산과 보통재산으로 구분한다.

② 기본재산은 그 목록과 평가액을 정관에 적어야 하며, 평가액에 변동이 있을 때에는 지체 없이 정관 변경 절차를 밟아야 한다.

③ 공익법인은 기본재산을 매도·증여·임대·교환 또는 용도변경하거나 담보로 제공하거나 대통령령으로 정하는 일정 금액 이상을 장기차입하려면 주무 관청의 허가를 받아야 한다.

④ 공익법인은 목적사업을 수행하기 위하여 그 재산을 선량한 관리자의 주의를 다하여 관리하여야 한다.

## 공익법인

공익법인이란 구성원 개인의 이익추구가 목적이 아니라 교육, 사회복지, 문화, 환경 등 공익사업수행을 목적으로 설립된 비영리법인을 말하는 것이며, '공익법인의 설립운영에 관한 법률'에 의하면 '사회일반의 이익에 공여하기 위하여 학자금 장학금 연구비의 보조나 지급 또는 학술

자선에 관한 사업을 목적으로 하는 법인'을 의미하는 것으로, 재단법인 또는 사단법인으로서 종교단체, 사립학교, 사회복지법인, 의료법인, 자선단체, 문화, 환경단체 등의 비영리법인을 말한다.

이러한 공익법인은 법인설립과 운영시 주무관청의 허가와 사후감독을 받으며, 임원의 취임·정관변경·재산처분 등에 대해 주무관청의 감독을 받는다.

## 사립학교법상 재산에 관한 대법원판례
**사립학교 경영자가 학교의 교사, 교지로 사용하기 위하여 출연·편입시킨 경영자 개인 명의의 부동산에 관하여 경료된 담보 목적의 가등기 또는 근저당권설정등기의 효력**(대판 2000. 6. 9 선고 99다70860 [1])
사립학교법 제28조제2항, 같은 법 시행령 제12조는 학교교육에 직접 사용되는 학교법인의 재산 중 교지, 교사 등은 이를 매도하거나 담보에 제공할 수 없다고 규정하고 있고, 같은 법 제51조는 사립학교 경영자에게도 학교법인에 관한 같은 법 제28조제2항을 준용한다고 규정하고 있으므로, 사립학교 경영자가 사립학교의 교지, 교사로 사용하기 위하여 출연·편입시킨 토지나 건물이 등기부상 학교 경영자 개인 명의로 있는 경우에도 그 토지나 건물에 관하여 경료된 담보 목적의 가등기나 근저당권설정등기는 같은 법 제51조에 의하여 준용되는 같은 법 제28조제2항, 같은 법 시행령 제12조에 위배되어 무효이다.

**유치원교육에 직접 사용되는 교지 등 사립학교법시행령 제12조에 정한 재산이라고 하더라도 유치원 설립자가 유치원 설립허가를 얻기 전에 담보권을 설정한 경우, 담보권자의 담보권 실행이 금지되거나 감독청의 처분허가를 필요로 하는지 여부**(대판 2004. 7. 5 선고 2004마97)
사립학교법상의 사립학교에 해당하는 유치원 설립자 겸 경영자 소유의 재산으로서, 유치원교육에 직접 사용되는 교지 등 사립학교법시행령 제12조 소정의 재산의 경우에는 관할관청의 처분허가 유무에 관계없이 처분할 수 없는 것이지만, 위에 해당하는 재산이라고 하더라도 유치원 설립자가 유치원 설립허가를 얻기 전에 담보권을 설정한 경우에는 담보권 성립 당시 담보제공자가 사립학교의 경영자라고 볼 수 없으므로 학교재산은 적법하게 설정된 피담보채무를 부담한 것이라 할 것이고, 적법하게 담보권이 성립한 이상 그 후에 담보제공자가 유치원 설립자의 지위를 얻었고, 그 재산이 유치원교육에 직접 사용하게 되었다고 하여 담보권자가 그 담보권을 실행하는 것이 금지된다거나 새삼스럽게 감독청의 처분허가를 필요로 한다고 볼 것은 아니다.

## 종중의 재산에 관한 대법원판례
**소유권이전등기 및 근저당권 설정등기가 당초부터 원인무효임을 이유로 말소를 명하는 판결이 확정된 경우 근저당권 실행으로 그 판결의 변론종결 후에 소유권을 취득한 자의 지위**(대판 1974. 12. 10 선고 74다1046)

소유권이전등기 및 근저당권설정등기가 당초부터 원인무효임을 이유로 각 그 말소를 명하는 판결이 확정되었다면 그 판결의 변론종결 후의 승계인인 임의경매실행으로 인한 소유권취득자에 대하여는 경매절차의 진행을 저지하는 절차나 등기부상의 조처를 취한 여부에 불구하고 기판력이 미친다.

**종중 재산의 관리 및 처분 방법**(대판 2000. 10. 27 선고 2000다22881 [1])

종중 소유의 재산은 종중원의 총유에 속하는 것이므로 그 관리 및 처분에 관하여 먼저 종중 규약에 정하는 바가 있으면 이에 따라야 하고, 그 점에 관한 종중규약이 없으면 종중 총회의 결의에 의하여야 하므로 비록 종중 대표자에 의한 종중 재산의 처분이라고 하더라도 그러한 절차를 거치지 아니한 채 한 행위는 무효이다.

종중 회칙상 종중 재산은 종중 총회의 결의를 거쳐야만 처분할 수 있음에도 종중 재산의 처분에 관한 적법한 총회 결의나 이사회 위임결의 또는 그와 같은 내용의 종중 회칙의 변경 없이 종중 회장이 종중 이사회를 개최하여 임의로 이사회를 구성하고 종중 재산의 처분을 이사회 결의만으로 가능하도록 임의로 정관을 변경하여 이에 따라 개최한 이사회에서 종중 재산의 처분을 결의한 후 종중 재산을 처분한 경우, 그 종중 재산의 처분은 무효라고 한 사례(대판 2000. 10. 27 선고 2000 다22881 [2])

종중 회칙상 종중 재산은 종중 총회의 결의를 거쳐야만 처분할 수 있음에도 종중 재산의 처분에 관한 적법한 총회 결의나 이사회 위임결의 또는 그와 같은 내용의 종중 회칙의 변경 없이 종중 회장이 종중 이사회를 개최하여 임의로 이사회를 구성하고 종중 재산의 처분을 이사회 결의만으로 가능하도록 임의로 정관을 변경하여 이에 따라 개최한 이사회에서 종중 재산의 처분을 결의한 후 종중 재산을 처분한 경우, 그 종중 재산의 처분은 무효라고 한 사례

# 가장임차인

## 가장임차인의 유형

경매개시결정등기일의 전후로 소액임차에 해당하는 임대차계약 여러 건이 같은 날에 전입신고나 확정일자를 받는 것이 집중적으로 이루어져 있거나, 임차보증금을 지급했다는 증거가 불충분하고 실제로 살고 있지도 않는 경우가 있다. 이는 집주인이 지인이나 친척 등을 전입시켜 최우선변제금을 배당받으려고 하는 경우일 수 있으므로 직접 확인해 보아야 한다.

해당 물건을 입찰 보기 전에 위장임차인에 대한 내용을 정확히 파악해 둠으로써 불측의 피해를 막을 수 있고, 또한 매수물건을 명도받는 데에 걸리는 시간을 고려할 수도 있다.

## 가장임차인 확인 방법

• 세입자들의 임대차계약과 전입이 경매개시결정등기 전후로 집중적으로 이루어 진 경우 대부분 확정일자가 없고 임대차계약서상에 중개업자에 대한 부분이 없으며, 최우선변제금 획득 목적으로 보증금을 소액보증금으로 만든다든지 했는가의 여부를 따져볼 필요가 있다.

• 채무자와 인척관계인 경우 보증금이 계약시점기준으로 터무니없거

나 그 당시의 시세에 맞는지의 여부를 확인해보고, 아파트 등의 공동주택일 경우 관리비 고지서상의 명의자인지의 여부와 탐문을 통하여 진정한 점유를 하고 있는 자인지의 여부도 가려볼 필요가 있다. 또한 계약시점에 미성년자인 상태에서 전입한 자를 경매개시가 될 즈음이면 전입이 되어 있는 것을 빌미로 임차인이라 주장하는 자에 해당히는 경우인지도 잘 따져볼 필요가 있다.

• 금융권의 근저당이 설정되어 있다면 은행은 대출 당시 세입자 유무를 확인한 서류를 보관하고 있으므로 해당 은행에서 직접 확인해볼 필요가 있다. 낙찰 후 소송을 하기 전에는 확인하기가 힘들 수 있으나 은행측에서는 채권을 우량으로 회수하기 위해 경우에 따라서는 알려주는 경우도 있으니 쉽게 그 확인을 포기할 것은 아니다.

참고로 현장조사시 채무자 또는 임차인을 만나면 채무자와 임차인이 담합하여 그 임차인이 채무자와 담합한 가장임차인으로 밝혀지면 채무자와 가장임차인은 사문서위조나 입찰방해죄 등 형사적 처벌을 면하기 어렵다는 사실을 인지시키면서 향후 낙찰을 받았을 때를 대비하여 유리한 방향으로 정보를 확보하는 조사를 해둘 필요가 있다.

## 가장임차인에 대한 배당

위장전입시켜 배당을 요구하면 채권자의 배당액이 적어질 수 있으므로 법원은 이런 가장임차인을 배당에서 제외시켜 배당금지급을 거부할 수가 있는데, 만약 이런 가장임차인이 배당이의를 제기하면 배당금을 공탁해놓고 임차인이 배당이의의 소를 제기하는 경우 소송을 통하여 배당금지급 여부를 결정한다.

## 경매개시결정등기 후 임차한 임차인에 대한 실무 처리
경매개시결정등기 후에 임차한 임차인은 악의의 가장임차인이 대부분이므로 이런 임차인이 권리신고 및 배당요구신청을 하여오면 실무에서는 가장임차인에 대한 배당 방법으로 처리하고 있다. 단, 매각에 의한 매득금이 모든 채권을 변제하고 남음이 있는 경우 경매개시결정등기 후의 임차인은 배당이의 등의 소명절차를 거치지 아니하고 배당하여준다.

## 특수한 경우의 임대차
• 경매목적부동산의 소유자와 법적인 혼인관계에 있는 배우자 사이에는 임대차가 인정되지 않는다.
• 소유자가 아닌 채무자가 임차인일 경우도 임대차가 그 진정성이 있는 한 부정할 수 없다.
• 임차인이 소유자 및 채무자와 특수한 관계자일 경우에는 임대차가 그 진정성이 있는 한 부정할 수 없다.

## 임차인이 소유자 및 채무자와 특수한 관계자일 경우
소유자의 전처, 부모(*장인, 장모), 자식, 형제나 친인척 등이 임대차관계를 주장하며 법원에 배당요구를 하였고, 이에 대하여 경매법원에서 그 특수관계를 알게 된 경우에는 가장임차인으로 추정하여 일단은 배당에서 제외한다. 이렇게 배당제외가 된 특수관계의 임차인은 배당지급일에 배당이의를 한 후 배당이의 소 등을 제기하여 진정한 임차인으로서의 소명을 하게 하여 이의 결과에 따라 배당 여부를 확정한다.

## 가장임차인은 인도명령대상자
가장임차인은 경매목적물을 점유할 수 있는 어떠한 법적 권원이 없다. 그러므로 매수인이 부담해야 할 것이 전혀 없으며, 또한 점유자(*임차인)

가 매수인에게 대항할 수 있는 권원이 없다면 명도소송 대상자가 아닌 인도명령 대상자이다.

## 가장임차인의 대항력 주장에 대한 대처요령

선순위 임차인이 허위의 거짓 임차인일 경우, 즉 소유자와 친인척관계 등에 있는 자가 전입신고가 빠른 사유로 인하여 소유자와 담합하여 대항력자로 가장하고 매수인에게 보증금반환을 주장할 때 이에 대처하기 위해서는 매수인은 대금납부 후 그 임차인을 상대로 명도소송 제기시 임차보증금의 진정성 여부를 가리기 위하여 법원에 임대인에게 보증금을 지급하였다는 증거자료 제출을 요구하는 석명(*사실을 설명하여 내용을 밝힘)을 구해야 한다.

대부분의 가장임차인의 경우 임의대로 만든 계약일, 중도금 지급일 및 잔금 지급일 등에 맞게 이의 소명자료(*온라인송금 영수증, 계좌이체 통장사본, 수표지급 등)를 제출하기가 어려울 것이고, 만약 이때 매수인이 승소 판결을 받는다면 상당히 큰 이득이 될 것이 분명하다.

또한 임의조작으로 가장임차인으로 밝혀지면 채무자나 가장임차인은 사해행위나 입찰방해 등에 해당하는 형벌을 받게 될 것이다.

### 가장임대차의 주택임대차보호법상의 대항력 유무(대판 2002. 3. 12 선고 2000다24184, 24191 [1])

임대차는 임차인으로 하여금 목적물을 사용·수익하게 하는 것이 계약의 기본 내용이므로, 채권자가 주택임대차보호법상의 대항력을 취득하는 방법으로 기존 채권을 우선변제 받을 목적으로 주택임대차계약의 형식을 빌려 기존 채권을 임대차보증금으로 하기로 하고 주택의 인도와 주민등록을 마침으로써 주택임대차로서의 대항력을 취득한 것처럼 외관을 만들었을 뿐 실제 주택을 주거용으로 사용·수익할 목적을 갖지 아니한 계약은 주택임대차계약으로서는 통정허위표시에 해당되어 무효라고 할 것이므로 이에 주택임대차보호법이 정하고 있는 대항력을 부여할 수는 없다.

# 10 체납관리비

아파트나 집합건물인 상가를 입찰보기 전에 관리사무소에서 채무자나 임차인의 체납관리비를 확인해보는 경우가 흔히 있다. 이때 채무자(*소유자)나 임차인의 체납관리비가 너무 많아 입찰을 기피하는 사례가 있으나 인수해야 하는 공용부분에 대한 금원을 확인하고 감안한 후 입찰을 보면 될 것이다.

> **관리비 관련 대판 2006. 6. 29 선고 2004다3598,3604 판결**
> **집합건물의 소유 및 관리에 관한 법률 제18조의 입법 취지 및 전 구분소유자의 특별승계인에게 전 구분소유자의 체납관리비를 승계하도록 한 관리규약의 효력**(=공용부분 관리비에 한하여 유효)
> 집합건물의 소유 및 관리에 관한 법률 제18조에서는 공유자가 공용부분에 관하여 다른 공유자에 대하여 가지는 채권은 그 특별승계인에 대하여도 행사할 수 있다고 규정하고 있는데, 이는 집합건물의 공용부분은 전체 공유자의 이익에 공여하는 것이어서 공동으로 유지·관리되어야 하고 그에 대한 적정한 유지·관리를 도모하기 위하여는 소요되는 경비에 대한 공유자 간의 채권은 이를 특히 보장할 필요가 있어 공유자의 특별승계인에게 그 승계 의사의 유무에 관계없이 청구할 수 있도록 하기 위하여 특별규정을 둔 것이므로, 전 구분소유자의 특별승계인에게 전 구분소유자의 체납관리비를 승계하도록 한 관리규약 중 공용부분 관

리비에 관한 부분은 위와 같은 규정에 터 잡은 것으로 유효하다.

### 집합건물의 전 구분소유자의 특정승계인에게 승계되는 공용부분 관리비의 범위 및 공용부분 관리비에 대한 연체료가 특별승계인에게 승계되는 공용부분 관리비에 포함되는지 여부(소극)

집합건물의 전 구분소유자의 특정승계인에게 승계되는 공용부분 관리비에는 집합건물의 공용부분 그 자체의 직접적인 유지·관리를 위하여 지출되는 비용뿐만 아니라, 전유부분을 포함한 집합건물 전체의 유지·관리를 위해 지출되는 비용 가운데에서도 입주자 전체의 공동의 이익을 위하여 집합건물을 통일적으로 유지·관리해야 할 필요가 있어 이를 일률적으로 지출하지 않으면 안 되는 성격의 비용은 그것이 입주자 각자의 개별적인 이익을 위하여 현실적·구체적으로 귀속되는 부분에 사용되는 비용으로 명확히 구분될 수 있는 것이 아니라면, 모두 이에 포함되는 것으로 봄이 상당하다. 한편, 관리비 납부를 연체할 경우 부과되는 연체료는 위약벌의 일종이고, 전 구분소유자의 특별승계인이 체납된 공용부분 관리비를 승계한다고 하여 전 구분소유자가 관리비 납부를 연체함으로 인해 이미 발생하게 된 법률효과까지 그대로 승계하는 것은 아니라 할 것이어서, 공용부분 관리비에 대한 연체료는 특별승계인에게 승계되는 공용부분 관리비에 포함되지 않는다.

### 상가건물의 관리규약상 관리비 중 일반관리비, 장부기장료, 위탁수수료, 화재보험료, 청소비, 수선유지비 등이 전 구분소유자의 특별승계인에게 승계되는 공용부분 관리비에 포함된다고 한 사례

상가건물의 관리규약상 관리비 중 일반관리비, 장부기장료, 위탁수수료, 화재보험료, 청소비, 수선유지비 등은 모두 입주자 전체의 공동의 이익을 위하여 집합건물을 통일적으로 유지·관리해야 할 필요에 의해 일률적으로 지출되지 않으면 안 되는 성격의 비용에 해당하는 것으로 인정되고, 그것이 입주자 각자의 개별적인 이익을 위하여 현실적·구체적으로 귀속되는 부분에 사용되는 비용으로 명확히 구분될 수 있는

것이라고 볼 만한 사정을 찾아볼 수 없는 이상, 전 구분소유자의 특별
승계인에게 승계되는 공용부분 관리비로 보아야 한다고 한 사례

**집합건물의 관리단이 전 구분소유자의 특별승계인에게 특별승계인
이 승계한 공용부분 관리비 등 전 구분소유자가 체납한 관리비의
징수를 위해 단전·단수 등의 조치를 취한 사안에서, 관리단의 위 사
용방해행위가 불법행위를 구성한다고 한 사례**
집합건물의 관리단이 전 구분소유자의 특별승계인에게 특별승계인이
승계한 공용부분 관리비 등 전 구분소유자가 체납한 관리비의 징수를
위해 단전·단수 등의 조치를 취한 사안에서, 관리단의 위 사용방해행
위가 불법행위를 구성한다고 한 사례

**집합건물의 관리단 등 관리주체의 불법적인 사용방해행위로 인하
여 건물의 구분소유자가 그 건물을 사용·수익하지 못한 경우, 구분
소유자가 그 기간 동안 발생한 관리비채무를 부담하는지 여부**(소극)
집합건물의 관리단 등 관리주체의 위법한 단전·단수 및 엘리베이터 운
행정지 조치 등 불법적인 사용방해행위로 인하여 건물의 구분소유자
가 그 건물을 사용·수익하지 못하였다면, 그 구분소유자로서는 관리
단에 대해 그 기간 동안 발생한 관리비채무를 부담하지 않는다고 보아
야 한다.

**체납관리비의 채권소멸시효는 3년이지만 간혹 입주자대표회의나
위탁관리업체에서 집합건물의 소유자 등이 체납한 관리비에 대하
여 채권을 회수하기 위하여 가압류등기를 한 경우**
이는 체납관리비 채권을 회수를 위한 조치로써 그 체납관리비는 채권
소멸시효가 중단되어 비록 3년이 지난 체납관리비라 하더라도 효력이
유지된다.

## 11　공사중단된 토지, 맹지, 사도의 취득

### 공사중단된 토지의 취득

경매목적물인 토지가 농지전용허가 또는 형질변경허가 등을 득한 후 사업을 시행하다가 공사가 중단된 상태에서 경매가 진행된 경우 허가권의 승계문제에 관하여 허가관청에 자문을 구함과 동시에 확인을 하여야 하는 절차가 반드시 필요하다. 따라서 건축허가 및 토지형질변경 허가권 등이 매수인이 승계받을 수 있는지의 여부를 허가관청에서 확인을 해 보아야 하고, 만약 승계되지 않는다면 시공자와 그 승계에 관하여 별도의 협의매수를 하여야 하는 문제가 발생할 수 있다.

그리고 공법상의 규제는 토목공사, 조경공사, 사도개설공사, 정지작업 등 공사의 진척 정도에 따라 차이가 있으므로 반드시 현장확인을 통하여 조사하여야 하고, 사법상으로는 법정지상권이나 유치권 성립 가능성이 있을 수도 있으므로 공사중단된 토지의 취득에는 신중을 기하여야 한다.

### 맹지인 토지의 취득

경매목적물인 토지가 지적도상 맹지(*주위의 토지에 둘러 싸여 출입에 필요한 도로가 없는 토지)인 경우 사도의 유무와 인접 토지를 이용한 통행로의 확보가능성 및 관습법상의 지역권에 의한 통행로의 유무에 대하여 현장을 조사하여 확인하고, 이에 대하여 이웃 주민들의 탐문 등을 거친 후에 응찰하여야 한다.

만일 이러한 통행로가 없는 토지를 매수하게 되면 차후에 맹지의 이용 개발시 도로개설을 하여야만 건축법상 건축허가를 받을 수 있으므로 부득이 도로로 필요한 만큼의 인접 토지를 매입하여야 한다.

따라서 맹지인 토지의 입찰시에는 도로개설에 따른 토지매입에 추가비용이 들 것을 감안하여야 하고, 상황에 따라서는 인접 토지의 매입이 불가능한 경우도 있을 수 있으므로 이의 취득에도 신중을 기하여야 한다.

## 사도의 취득

사도란 공로에 연결시켜 일반 교통에 제공된 사설도로를 말하는 것으로서 고속도로·일반국도·특별시도·지방도·시도·군도 등 도로법상의 도로나 도로법을 준용하는 도로가 아닌 도로이며, 이에는 사도법이 적용된다.

사도의 소유자는 건축물·공작물의 설치 등 사권을 행사할 수는 없으나, 반면에 소유권 이전과 저당권의 설정은 허용된다.

개인의 토지로서 자신과 이웃들이 사용하는 통행로의 목적으로 쓰이는 사도는 공법상의 제한이 뒤 따르는 것은 물론이고 사용가치가 현격히

떨어지는 경매물건이므로 재개발지역 내의 사도가 아니라면 취득으로 크게 득을 볼 상품은 아니며, 게다가 당장에 효용가치가 없는 사도에 너무 많은 투자금이 들어가는 것은 투자에 비효율적이라고 생각된다.

참고로 사도를 설치한 자는 그 사도에 일반이 통행함을 제한하거나 금지하지 못하며, 사도의 통행을 제한 또는 금지하거나 사용료를 징수하고자 하는 때에는 관할시장·군수의 허가를 받아야 하므로 사도 소유자의 일방적인 사용료 징수는 어렵다.

## 12 공장 또는 공장부지 경매시 유의사항

### 공장의 건물면적과 높이

공장건물 면적확인시 주차장의 면적을 확인하여 주차대수를 계산해보고, 기계·장비설비를 위해 공장건물의 높이도 확인하여야 한다. 왜냐하면 설치할 기계·장비설비의 높이를 감안하여야 하기 때문이다.

### 공장운영에 필요한 토지면적 확인

공장의 토지인 공장부지란 제조시설(*물품의 가공·조립·수리시설을 포함) 및 시험생산시설, 제조시설의 관리·지원, 종업원의 복지후생을 위하여 해당 공장부지 안에 설치하는 부대시설, 관계 법령에 따라 설치가 의무화된 시설과 그 시설이 설치될 토지를 말하는 것으로서 면적이 공장운영에 필요한 면적보다 클 때에는 나머지 면적에 대하여는 임대가능성도 고려해보아야 할 것이다.

### 기계·장비설비 확인

• 공장만이 아닌 기계·장비류도 함께 공장재단목록과 일괄하여 경매가 진행되는 경우 공장재단목록상의 기계·장비와 감정서상의 목록과 그 일치를 확인하여야 한다.

• 기계·장비설비 등의 노후화, 파손·망실·도난 여부를 확인하여야

한다.

• 수변전설비, 보일러나 가스탱크 등의 용량과 오수처리장 등의 유무 및 관리형태를 확인하여야 한다.

## 진입도로 및 민원발생 여부 확인

• 진입도로의 노폭은 주 출입차량 종류에 따라 확보되어야 한다.

• 공장취득시 공장의 주변사정을 제대로 알지 못한 탓에 인접 주변인들과의 환경문제(*대기, 수질, 소음 등)의 이유 등의 민원이 발생될 문제점들도 사전에 파악하여야 한다. 왜냐하면 민원발생으로 공장운영에 큰 낭패를 볼 수도 있기 때문이다.

## 폐기물처리 비용과 체납된 사용료 등 확인

• 방치한 산업폐기물이 방치되어있는 경우 폐기물처리비용 증가에 낭패를 볼 수 있으므로 그 처리방법과 가능성에 대해서도 사전에 잘 점검해두어야 한다.

• 체납된 상하수도·전기·가스요금은 전 소유자의 책임이나 사설공급소의 시설이나 장치를 사용한 경우에는 사용료를 낙찰자가 인수하지 않으면 그 시설의 사용에 제한이 따를 수 있으므로 확인하여야 한다.

• 체불임금은 낙찰자가 인수하여야 하는 것은 아니지만 체불임금으로 인하여 기계·장비류 등의 파손·망실·도난이 따를 수 있으므로 체불임금 여부도 확인하여야 한다.

## 공장부지 경매시 유의사항

과거에는 공장신설 허가·승인이 되었으나 법률 변경 등으로 인하여 용도지역의 변경 또는 행위제한의 강화 등으로 현재에는 신설공장의 허가가 나지 않은 경우에는 기존의 공장용도로 사용은 가능하지만 낙찰 후 공장의 업종변경 등과 그 활용에 제한이 따를 수 있다.

## 승인권의 승계

산업집적활성화 및 공장설립에 관한 법률에 의거 공장설립 승인(*시장·군수 또는 구청장의 승인)을 받은 부지에 500㎡ 이상인 건축 중인 공장을 낙찰받는 경우 공장설립승인권은 승계가 가능하다.

## 승인권의 취소

공장설립 승인받은 날로부터 3년 내까지 미착공한 부지는 공장설립 승인이 취소될 수 있고, 승인 후 4년 이내에 완공신고가 안 되는 경우에도 승인이 취소될 수 있다. 따라서 공장부지는 공장설립승인의 취소 가능성 여부를 확인하여야 한다.

## 인허가의 연동성 확인

• 공장부지 낙찰시 공장설립승인은 승계되나 건축허가권 사항은 승계되지 않으므로 건축허가 취소시 신규허가 가능 여부를 확인하여야 한다.
• 개발행위 허가권은 승계되나 차폐림(*바람을 막고 소음을 차단하기 위하여 조성한 숲), 기반시설 확충조건 등을 조건으로 하는 조건부 허가가 날 수도

있다.

- 산지전용의 허가권은 종기점(*언제부터 언제까지)이 있으므로 그 기간이 도과하면 산지전용의 허가권이 상실되어 공장건축허가가 승계되지 않을 수 있다.
- 개발부담금의 부담액을 알아두어, 입찰 전에 비용으로 계산에 넣어 두어야 한다.
- 농지를 전용한 공장개발부지는 5년 동안은 폐수배출시설 설치를 할 수 없으므로 공장으로서의 제 기능을 할 수 없음을 유의하여야 한다.

참고로 산업집적활성화 및 공장설립에 관한 법률(*지식산업센터, 아파트형 공장)에 따라 설치된 공장은 입주가 가능하거나 불가능한 업종이 있으므로 입주업종을 확인하고, 입주계약 조건들도 확인하여야 한다.

# 13 농지 경매시 유의사항

일반 토지의 임대차는 민법의 적용을 받지만, 농지의 임대차는 농지법의 적용을 받는다. 즉 농지법은 특별법이고, 농지는 지목이 아닌 현황상으로 전·답·과수원이다.

그런데 토지경매에서 문제가 되는 임차권은 오직 '등기된 임차권'에 한하는 것이며, 설령 해당 농지에 임대차계약을 체결하고 농지를 사용하는 임차인이라 하더라도 그 임차권이 등기된 것이 아니라면 매수인이 인수하게 되는 것은 없다.

그러나 말소기준권리보다 선순위로 등기된 토지임차권이 있는 농지를 취득하는 경우 해당 농지를 매수하여도 매수인은 그 임차권을 인수하여야 하므로 조심하여야 한다. 왜냐하면 농지법 제26조(임대인의 지위 승계)에서 임대농지의 양수인은 이 법에 따른 임대인의 지위를 승계한 것으로 본다고 하고 있다.

## 농지취득자격증명서가 요구되는 농지

현행 법에서는 통작거리의 제한이 없으므로 거주지역에 관계없이 농지취득이 가능하다. 다만 통작거리가 30km를 벗어난 농지취득은 양도

소득세 감면 혜택이 없고 양도소득세 중과와 관련이 있다. 농업인이 아닌 자가 처음으로 농지를 취득하려면 고정식온실, 버섯재배사, 비닐하우스, 기타농업생산에 필요한 시설로서 농림부령이 정하는 시설이 설치되어 있거나 설치하고자 하는 농지는 그 최소면적이 330㎡ 이상이어야 하며, 그 외의 농지는 1,000㎡ 이상이어야 농지취득자격증명을 받을 수 있다.

농지취득자격증명서가 요구되는 농지는 지목이 전, 답 또는 과수원인 것과 기타 법적 지목에 의하지 않고 실제의 토지현황이 농작물의 경작 또는 다년생 식물 재배지로 이용되는 토지로서 사회적·경제적·행정적으로 보아 경작용으로 쓰이는 것이 합리적이라고 판단되는 것을 말하며, 그 개량시설의 부지와 고정식온실, 버섯재배사, 비닐하우스 및 그 부속시설의 부지, 농지에 부속한 농막 또는 간이퇴비장 등의 부지도 농지에 해당한다.

## 농지취득자격증명서가 필요 없는 농지

농지라 하더라도 도시계획구역 내의 주거·상업·공업지역으로 지정된 농지와 녹지지역 중 도시계획시설 예정지로 결정된 농지는 이미 농업 이외의 목적으로 사용결정이 되었으므로 농지취득자격증명이 필요하지 않다.

단, 도시계획구역 중 녹지지역 내의 농지에 대해서는 도시계획사업에 필요한 농지 또는 전용허가가 이루어진 농지에 한하며 그렇지 않은 경우에는 농지취득자격증명원을 제출하여야 한다.

## 지목이 농지이지만 실제현황이 농지가 아닌 경우

지목이 농지이지만 실제현황이 농지가 아닌 다른 용도로 이용되고 있다면 관할관청이 발급하는 서면에 의하여 그 사실이 증명되는 경우에는 농지취득자격증명원 대신 그 사실증명 서류를 제출하면 된다.

## 최초 취득의 농지가 1,000㎡ 미만일 때 대처요령

최초로 매수하는 농지가 1,000㎡ 미만이더라도 주말영농체험 목적으로 농지를 취득하고자 하는 경우라면 매수가 가능(*과거에는 농지취득자격증명원이 발급되지 않아 취득이 불가하였음)하므로 농지를 매수하기 전에 주말영농체험 농지로의 취득 가능 여부를 관할 시·구·읍·면사무소에 문의하여 확인하는 것이 좋다.

## 농지 매수시 매각기일에 '농지 최고가매수인 증명원' 발급

경매에서 농지의 최고가매수신고인이 되면 집행관실에서 '농지 최고가매수인 증명원'을 발급받아 농지취득자격증명원발급신청서에 첨부하여 시·구·읍·면사무소에 제출하고, 이들 관청은 취득자가 농지취득에 적합한 요건을 갖추었는지를 확인한 후 농지취득자격증명원을 발급하여 준다. 이때 매수인은 발급받은 농지취득자격증명원을 법원의 매각결정기일(*입찰일로부터 1주일)까지 관할법원에 제출하면 된다.

그리고 대부분의 법원에서는 농지취득자격증명원의 미제출시 매각불허가결정을 하며, 입찰보증금을 몰수한다는 특별매각조건으로 경매를 진행하고 있다.

참고로 경매나 공매로 토지거래허가구역 내의 토지 취득시는 토지거래허가가 면제된다.

## 14 위반건축물 등의 건축물

**위반건축물**

위반건축물은 건축허가사항에 위반되어 이의 시정명령을 허가관청으로부터 받은 건물을 말하는 것이다. 건축주 등이 이미 허가관청으로부터 이의 시정명령을 받고도 이행하지 않은 경우에는 이행강제금이 건축주 등에게 부과가 되어 있을 것이다.

그러므로 이런 경우의 위반건축물을 경매로 취득하게 되면 이의 위반건축물에 대하여 내려진 시정명령을 이행하여야 한다. 따라서 시정명령대로 매수인이 원상회복을 해야 하므로 원상회복에 따른 시간과 비용이 추가로 들게 됨을 잘 유념하여야 한다.

그리고 이런 물건에 입찰하려는 입찰예정자는 관할관청의 건축과에 무엇을 위반한 건축물인지의 여부와 시정명령의 내용을 잘 확인하여야 하고, 건축사 등의 상담을 통하여 매수 후 시정명령 이행 또는 원상복구 등에 관한 비용을 산출하는 등 어느 정도의 대책을 세워 놓고 입찰에 응하여야 할 것이다.

## 건축물이 다른 토지에 걸쳐 있는 경우

건축물이 남의 토지를 침범하여 다른 토지에 걸쳐 있는 물건을 매수하게 되면 향후 타 토지소유자의 건물철거소송으로 인하여 멀쩡한 건물을 철거하거나, 건물이 안착되어 있는 타인 소유의 토지를 추가로 매입하여야 하는 문제가 발생할 수가 있다.

이런 경우의 물건에 입찰하려는 입찰예정자는 현장 확인시 건축물이 타인 소유의 토지에 침범하고 있는 면적, 위치 등을 점검해 보아야 하고, 침범한 건축물 부분을 건축법에 맞게 헐더라도 큰 상관이 없거나 개축이나 신축을 생각하는 것이라면 이 역시 건축사 등의 전문가와 입찰 전에 반드시 상담을 한 후 입찰에 응하여야 할 것이다.

# 15 지목, 용도변경, 건폐율 및 용적률

## 지목

지목이란 토지의 주된 사용목적에 따라 토지의 종류를 구분, 표시하는 명칭을 말한다. 지목은 토지대장 및 토지등기부에 기재할 사항의 하나로 다음과 같다.

| 전 | 답 | 과수원 | 목장용지 |
|---|---|---|---|
| 임야 | 광천지 | 염전 | 대 |
| 공장용지 | 학교용지 | 도로 | 철도용지 |
| 하천 | 제방 | 구거 | 유지 |
| 수도용지 | 공원 | 체육용지 | 유원지 |
| 종교용지 | 사적지 | 묘지 | 잡종지 |
| 주차장 | 주유소용지 | 양어장 | 창고용지 |

## 용도변경

토지나 건축물 모두 허가된 용도 이외의 타 용도로 사용하기 위해서는 사전에 용도변경허가를 받아야 한다.

다만 동일시설군에 해당하는 건축물의 용도변경의 경우, 당해 용도로 변경하기 전의 용도로 다시 변경하는 경우(*증축·개축 또는 대수선을 수반하는 경우는 제외), 용도변경을 하고자 하는 부분의 바닥면적의 합계가 100㎡

미만인 경우와 동일한 건축물 안에서 면적의 증가 없이 위치를 변경하는 용도변경인 경우에는 신고하지 아니하고 용도변경을 할 수 있다.

## 건폐율

건폐율이란 대지면적에 대한 건축면적이 비율로서 대지 안의 공지를 학보하기 위하여 건축물에 대하여 평면적으로 면적의 규제를 하기 위한 제도이다.

## 용적률

용적률이란 대지면적에 대한 건축연면적(*지하층의 면적 제외)의 비율로서 건축과밀화의 방지를 위하여 입체적이면서 공간적으로 건축물에 대하여 면적의 규제를 하기 위한 제도이다.

## 용도지역별 건폐율과 용적률

| 구분 | | | 건폐율(%) | | 용적률(%) | |
|---|---|---|---|---|---|---|
| | | | 법률 | 시행령 | 법률 | 시행령 |
| 도시지역 | 주거지역 | 전용 제1종 | 70 | 50 | 500 | 50~100 |
| | | 전용 제2종 | | 50 | | 50~150 |
| | | 일반 제1종 | | 60 | | 100~200 |
| | | 일반 제2종 | | 60 | | 100~250 |
| | | 일반 제3종 | | 50 | | 100~300 |
| | | 준주거 | | 70 | | 200~500 |
| | 상업지역 | 중심 | 90 | 90 | 1,500 | 200~1,500 |
| | | 일반 | | 80 | | 200~1,300 |
| 도시지역 | 상업지역 | 근린 | 90 | 70 | 1,500 | 200~900 |
| | | 유통 | | 80 | | 200~1,100 |
| | 공업지역 | 전용 | 70 | 70 | 400 | 150~300 |
| | | 일반 | | 70 | | 150~350 |
| | | 준공업 | | 70 | | 150~400 |
| | 녹지지역 | 보전 | 20 | 20 | 100 | 50~80 |
| | | 생산 | | 20 | | 50~100 |
| | | 자연 | | 20 | | 50~100 |
| 관리지역 | | 보전 | 20 | 20 | 80 | 50~80 |
| | | 생산 | 20 | 20 | 80 | 50~80 |
| | | 계획 | 40 | 40 | 100 | 50~100 |
| 농림지역 | | | 20 | 20 | 80 | 50~80 |
| 자연환경보전지역 | | | 20 | 20 | 80 | 50~80 |

참고로 상기의 건폐율 및 용적률은 지방자치단체 조례에 의하여 각기 달라질 수 있다.

제2장.

# 입찰과 낙찰에
# 성공하기

## 01 성공적인 입찰·낙찰을 위해 반드시 지켜야 할 3원칙

인수권리가 무엇인지를 몰라서 입찰에서 낙찰을 받았으나 잔금납부를 포기하고 입찰보증금을 몰수당하거나, 매각대금납부 후까지도 이의 사실을 모르고 있다가 인수하게 된 권리를 해결하기 위하여 경제적 손실을 보게 되거나 하는 것을 피하기 위해서는 입찰을 보기 전에 반드시 다음의 3가지(*지물권, 지물건, 지매수)를 검토하고 확인하여야 하는 것이 절대적 원칙이다. 따라서 이것들 중에 어느 하나라도 실수가 있게 되면 경매낙찰이 성공적인 결과를 낳을 수 없을 것이다.

### 지물권(知物權)

• 대항력 있는 임차인의 유무 확인

대금납부를 포기하고 입찰보증금을 몰수당하는 문제가 가장 빈번하게 발생하는 이유는 주택·상가건물임대차보호법에서 정한 규정들에 대한 그릇된 지식 때문이다.

경매취득의 주된 실패요인 중에서 가장 많은 비중을 차지하는 것은 학교에서 배우지도 못해서 정확히 알 수가 없었던 주택임대차보호법과 상가건물임대차보호법을 꼽을 수 있는데, 그 이유는 국가가 법을 만든 후 홍보부족으로 법명만 알고 있음으로 인하여 우리 국민 대다수가

'대항력', 확정일자에 의한 '우선변제권' 그리고 배당요구종기일까지 하여야 하는 '배당요구신청' 등에 대하여 그 정확한 이해부족에서 비롯되기 때문이다. 그래서 그 법들의 적용에 대해서도 잘 모르기 때문에 배당요구신청의 유무를 확인해보지도 않고 막연히 대항력자이면, 또는 확정일자가 있어 우선변제권이 1순위자이면 무조건 보증금을 전액 배당받아 간다거나 하는 등의 잘 못된 지식의 고정관념 때문이다.

다시 말해서 임차인이 배당요구신청을 하였는지, 했다면 배당요구종기일 이후에 한 것인지, 임대차보호법상 임차인이 아닌 전세권자로서 배당요구신청을 하였는지, 했다면 주택·상가건물임대차보호법상 임차인으로서도 배당요구신청을 하였는지 등에 대하여 분석해보지도 않은 채, 선순위 임차인이라면 무조건 보증금을 전액 배당받아 간다고 생각하고 있거나 또는 확정일자가 있으니 우선변제권이 있어서 당연히 배당을 받는 것으로 알고 있거나 하여, 즉 주택·상가건물임대차보호법에 대한 부정확한 지식으로 입찰하기 때문이다.

따라서 양 임대차보호법에 대하여 그 용어와 내용을 정확하게 잘 이해하고 있어야 할 것이다.

• 유치권 확인
경매가 많이 유찰되거나 하여 저렴하다는 이유로 경매관심자의 눈을 끄는 탓에 많은 경매관심자들이 입찰에 유인되어 위험한 경우의 경매사건임에도 불구하고 낙찰이 되는 사례가 많다. 그렇기 때문에 유치권에 관한 지식이 모자랄 때에는 반드시 전문가와 상담을 하여야 할 필요가 있고, 유치권이 성립하지 않는다는 결론으로 낙찰을 받았다고 해도 소송까지 가야하는 상황이 발생할 수도 있으므로 이의 소요시간까지 감안하여야 한다.

참고로 유치권이 주장된 건물 중에는 공사 노무자들이 노동임금을 제대로 못 받고 공사를 진행한 탓에 건축에 하자가 많이 있는 물건이 많아서 저렴하게 취득하였다 하더라도 나중에 다시 보수공사를 하여야 하는 일이 빈번하기도 하므로 무작정 저렴하다는 이유만으로 입찰을 보는 것은 곤란하다.

따라서 유치권 주장에 대한 정보를 얻지 못하는 채 낙찰을 받을 경우에는 허위 유치권자에게 기망당하여 '갑'이 되어야 할 매수인이 '을'의 위치로 역전되어 '갑'에게 끌려가게 되면 시간적·금전적 손실을 입게 될 수 있다. 그러므로 유치권은 철저한 분석과 공사업체나 공사 인근 거주자 등의 정보 없이는 입찰은 피해야 한다. 또한 취득 정보로 허위 유치권임을 알았다 하더라도 공사의 하자로 인하여 후에 그 하자를 치유하는 데에 들게 될 추가적 비용을 염두에 넣어 두어야 하기 때문에 유치권 주장이 있는 물건을 입찰하는 때에는 정말 깊이 심사숙고해서 하여야 한다.

• 법정지상권 확인
토지만의 매각에서 해당 토지상에 토지소유자가 축조한 건물인지, 아니면 타인이 법적 권원이 없이 지은 건물인지를 따져보는 등, 법정지상권이 성립이 되는 건물인지를 확인해본 후 입찰을 하여야 한다. 그렇지 않으면 자신이 낙찰받은 토지상에 법정지상권이 성립되는 부동산이 있게 된다면 매수 후 토지의 활용에 많은 제약이 따르게 될 것이다.

• 기타 인수권리 확인

## 지물건(知物件)
• 부동산물건에 대하여는 반드시 직접 현장에 가서 등기부와 건축물관리대장과 대조하면서 그 일치여부를 현장조사로 확인 및 위반건축물 여부 확인
• 부동산물건의 하자 점검 : 탐문, 감정서류 등의 점검과 육안으로 확인
• 집합건물인 경우 체납관리비 확인 : 관리실 방문, 공실여부 및 체납관리비 확인
• 민원발생 여부 등 확인
• 제1장의 '권리분석시 확인사항' 점검과 확인

참고로 중개사무소를 한 곳만 방문하여 정보를 취득하게 되면 잘 된 정보를 얻게 되는 것인지, 아니면 잘 못된 정보를 얻는 것인지를 판단할 수 없기 때문에 반드시 두 세 곳 이상의 중개사무소를 통해 매매·임대시세와 거래빈도 정도 등을 확인하여야 한다.

## 지매수(知買收)

지물권을 잘하였다면 지물건을 통하여 조사한 시세를 감안하여 가치 분석을 한 후 마지막으로 입찰장에서 하여야 할 일만 남았다.

입찰가격 결정시 입찰장의 분위기에 편승하면 안 된다. 요즈음에는 코로나로 인하여 법원입찰장이 조금은 어수선하기도 하지만 입찰장에 사람이 많이 모여서 발을 디딜 틈도 없는 경우 대다수가 자신이 입찰하려는 물건에 응찰을 하게 될 것이라고 착각을 한다. 반대로 입찰장이 다소 썰렁하면 자신이 볼 물건에는 응찰자가 거의 없을 것이라고 판단을 하게 된다. 처음에 입찰자가 입찰장에 가면 얼마만큼의 가격을 쓸 것이라 결정하다가 입찰장이 붐비는 모습을 보게 되면 갑자기 경매경쟁에 불안감이 들어 다시 입찰가격을 높일 것이고, 썰렁하면 가격을 낮추기로 마음을 먹을 것이다. 그런 입찰장의 분위기 때문에 입찰자가 결정한 금액에 흔들리게 되면 실익 없이 무리한 높은 가격으로 낙찰을 받게 되거나, 아니면 가격을 낮추어서 낙찰을 못 받는 경우들로 인하여 속상해하는 입찰자를 종종 보아 왔다.

그렇기 때문에 입찰장의 분위기보다는 자신이 지물건할 때 매매시세와 임대시세 등에 대해 취득한 정보에 기초하여 일반 부동산 시세보다는 저렴하게, 그리고 터무니없이 높은 금액이지 않은 합리적인 가격으로 입찰을 보는 것이 최선이다.

참고로 대항력이 있다거나, 유치권 주장이 있다거나, 법정지상권 성립이 불분명하다거나, 지분물건이거나, 대지권 미등기이거나, 맹지이거나, 위반건축물이거나, 말소되지 않는 권리가 있다거나 하는 등등의 다소 특수한 물건인 경우는 대부분 낮은 가격으로 낙찰되거나 응찰자 수가 적다. 그리고 경제기 침체히고 있으면 지가로 낙칠되고, 부동산경기가 상승하면 응찰자 수도 많고 높은 가격으로 낙찰된다.

또한 언제나 수요가 있는 곳인 역세권, 대형 개발지역, 뜨고 있는 재건축·재개발지역은 감정가 이상의 가격으로 낙찰되는 경향이 있다.

그리고 감정평가에 나온 가격보다는 항상 현재의 시세 확인이 무엇보다 중요하다. 왜냐하면 감정평가한 시점에서의 시세가 입찰을 보게 되는 지금의 시세와는 가격이 많이 차이가 날 수 있기 때문이다. 그리고 감정평가는 매각부동산을 경·공매시 환가를 위하여 하는 것이므로 참고만 할 뿐 현재의 시세에 중점을 두어야 할 것이다.

## 02  입찰표 작성시 유의사항

### 입찰표 작성

입찰표에 금액을 기입하는 란은 우측 부분에는 보증금액란이 있고 좌측에는 입찰가격(입찰가액)란이 있는데, 양쪽의 란에 금액은 금액표시(₩) 없이 해당 금액을 콤마표시(,) 없이 아라비아 숫자만 기입하고, 보증금액란에는 특별매각조건으로 별도의 입찰보증금을 정하지 않은 한 입찰 입찰보증금은 최저매각가의 10%만 기재하면 되고, 입찰가격란에는 입찰할 가격 금액을 금액 단위 아래의 칸에 아라비아숫자만 기입하면 된다.

보증금액란은 수정이 가능하다. 그러나 입찰가격란에서는 숫자를 덧대어 쓰거나 날인을 하고 정정하면 무효로 처리되므로 이때에는 반드시 새로운 용지에 재작성하여 제출하여야 한다.

### 입찰표 작성시 유의사항

입찰표 작성시 조심하여야 하는 것은 단위를 올려 쓰는 것을 매우 조심하여야 한다. 만약 '억' 단위 밑에서 숫자를 쓴다는 것이 '십억' 단위 밑에서 숫자를 쓰게 되면, 예를 들면 5억 원에 입찰을 본다고 '억' 단위 밑에 숫자 5를 기재한다고 하는 것이 '십억' 단위 밑에 숫자 5를 기재하면 50억 원 입찰하게 된 것으로 되어 유효한 입찰이 되고 최고가매수신고인이 될 것이다. 이렇게 되면 최고가매수신고인은 대금납부를 포기하여야 할 것이다. 왜냐하면 시세가 5억 원 정도가 되는 부동산을 50억 원에 낙찰받으면 어느 낙찰자가 잔금을 납부하겠는가? 이런 금액단위 올려 쓰기로 인하여 낙찰받는 경우를 입찰장에서는 간혹 보게 되니 입찰자들은 조심하여야 한다.

그러므로 이런 실수를 예방하기 위하여는 입찰표기재시 쓰지 않아야 하는 금액 단위를 손가락 등으로 가린 후 가격을 쓸 것을 권장한다. 또한 마지막 끝단위(*마지막 칸)인 '일'원 단위까지 숫자를 기재하지 않으면 입찰이 무효처리가 된다.

참고로 당일의 입찰표작성에서 앞서 설명한 실수를 하지 않기 위해서는 대법원의 〈법원경매정보〉 사이트의 〈경매지식〉, 〈경매서식〉 카테고리에 접속하여 '기일입찰표' 서식을 프린터로 출력하여 미리 작성한 후 검토하고 지참하였다가 입찰당일의 입찰장에서 매각보증금 봉투와 입찰봉투(*황색 대봉투)를 교부받아서 입찰하면 된다. 만약 대리인 자격으로 입찰을 하게 된다면 '위임장'까지 출력하여 미리 작성해두면 된다. 대리인 입찰시 위임장을 작성할 때에는 본인의 인감이 필요하고 본인의 인감증명서가 첨부되어야 한다.

그리고 입찰당일 교부받은 봉투의 겉봉 등에 입찰할 사건번호 등을 기재하여야 하고, 매각보증금봉투에는 입찰보증금을 넣고 입찰봉투에는 작성해둔 입찰표와 보증금봉투를 함께 입찰봉투에 넣으면 입찰이 종료된다.

끝으로 경·공매부동산은 공인중개사의 조언을 듣고 거래하는 일반 부동산매매와는 달리 전문적인 법적 지식이 없는 한 전문가와의 상담을 가볍게 생각하다가는 매우 큰 실수를 낳기 마련인데, 임차인의 배당요구신청 유무나 그 일자와 임차보증금액 등의 경매사건관련 정보는 반드시 대법원의 '법원경매정보' 사이트에서 확인한 후 입찰을 하여야 한다.

제3장.

# 주택임대차보호법
# 핵심정리

주택임대차보호법은 주거용 건물의 임대차에 관하여 민법에 대한 특례를 규정함으로써 국민의 주거생활의 안정을 보장함을 목적으로 한다.

## 주택임대차보호법의 주요 내용

계약자유의 원칙에 의하여 임대인과 임차인이 자유롭게 맺은 임대차계약이라 하더라도 경제적인 약자인 임차인이 불리할 수밖에 없다. 따라서 이 법의 규정에 위반된 약정으로서 임차인에게 불리한 것은 무효이다.

이 법은 강행규정으로서 계약당사자의 의견일치로 적용을 배제시킬 수 있는 임의규정과는 달리 계약당사자의 마음대로 적용의 배제가 불가능하다.

주택임대차보호법은 이러한 약자인 임차인을 보호하고자 당사자끼리 자유롭게 맺은임대차계약도 이 법에 어긋나는 내용은 효력이 없다고 규정하고 있다. 그러나 임차인이 동의한 임차인에게 유리한 내용은 유효하다.

## 주택임대차보호법 적용실례

• 법인이 주택을 임차하고 입주한 사원 명의로 주민등록을 마친 경우

주택임대차보호법은 특별법으로서 서민들의 주거생활의 안정을 도모

하려는 취지이지 법인 등과 같은 특정 임차인을 보호하려는 것은 아니

므로 법인은 주택임대차보호법 적용대상이 아니다.

---

### 대항력과 우선변제권 등이 인정되는 법인

1. 국민주택기금을 재원으로 하여 저소득층 무주택자에게 주거생활 안
정을 목적으로 전세임대주택을 지원하는 법인이 주택을 임차한 후 지
방자치단체의 장 또는 그 법인이 선정한 입주자가 그 주택을 인도받고
주민등록을 마쳤을 때에는 대항요건을 갖춘 것으로 본다. 이 경우 대
항력이 인정되는 법인은 다음과 같다.
① '한국토지주택공사법'에 따른 한국토지주택공사
② '지방공기업법' 제49조에 따라 주택사업을 목적으로 설립된 지방공사

2. '중소기업기본법' 제2조에 따른 중소기업에 해당하는 법인이 소속 직
원의 주거용으로 주택을 임차한 후 그 법인이 선정한 직원이 해당 주
택을 인도받고 주민등록을 마쳤을 때에는 대항요건을 갖춘 것으로 본
다. 임대차가 끝나기 전에 그 직원이 변경된 경우에는 그 법인이 선정
한 새로운 직원이 주택을 인도받고 주민등록을 마친 다음 날부터 제3
자에 대하여 효력이 생긴다.

---

• 외국인의 주택임대차보호법 적용

외국인은 주민등록법상의 전입신고를 할 수 없기 때문에 출입국관리법

에 의거 외국인등록(*90일을 초과하여 국내에 체류하는 외국인)을 한 등록외국인

이 체류지를 임차하는 주택소재지를 신체류지로 하여 전입신고를 하였

다면 주택임대차보호법 적용대상이다.

• 옥상의 옥탑을 개조한 집

옥탑이라도 주거용으로 개조되었고, 실제 거주하고 있다면 주택임대차보호법의 적용을 받는다. 즉 건축물관리대장상 건물용도가 공장, 점포 등 주거용이 아니더라도 이를 개조하여 주거용으로 이용되고 있는 건물을 임차하여 입주했다면 주택임대차보호법의 보호를 받을 수 있다.

• 임대차계약기간이 남아 있거나 끝난 후 임차보증금을 반환받지 못하고 있는 중에 주택이 양도되는 경우

임대차계약기간이 끝나기 전에 양도된 경우에는 잔존기간까지 양수인에게 임차권을 주장할 수 있으며, 임대차계약기간이 끝난 후에도 임대차관계는 계속되는 것이므로 임차보증금을 반환받을 때까지는 양수인에게 임차주택을 비워 줄 의무가 없다. 왜냐하면 양수인은 임대인의 지위를 당연히 승계하기 때문이다. 그러나 경매로 매각되면 임차인이 대항력이 있는 경우에는 임차주택을 비워 주지 않아도 되지만 대항력이 없는 경우는 매수인에게 대항할 수 없다.

주택임대차보호법에 적용되는 주택

## 주거용건물

주거용건물이란 사실상 취사와 취침을 할 수 있는 시설물을 뜻하는 것이다. 그러므로 건축물관리대장이나 등기부상의 구조와 용도가 무엇이든 관계없고 또는 건축물관리대장이나 등기부가 없는 미등기건물이라도 실제로 살림을 하고 있는 것인가 하는 것이 주거용건물의 판단기준이 된다.

그러나 창고나 공장용도의 비주거용건물을 주거용으로 개조할 경우 개조 당시 선순위 물권이 없어야 하고, 임대인의 동의를 얻어야 한다. 공부상의 상가나 공장 또는 창고로 되어있는 건물이라도 사실상 주거용으로 사용하고 있는 경우라면 주택으로 인정한다.

### 주거용건물의 전부 또는 일부의 의미

주택임대차보호법은 주거용건물(주택)의 전부 또는 일부의 임대차에 관하여 이를 적용하며, 임차주택의 일부가 주거 외의 목적으로 사용되는 경우에도 동일하게 적용된다. 아파트나 단독주택을 독채로 세를 얻는 것은 물론이고, 이런 주택이나 아파트의 딸린 방 1칸이라도 세를 얻는 경우에도 주택임대차보호법의 적용이 된다.

# 주택임대차보호법 적용대상 건물

- 등기주택
- 미등기주택
- 준공미필주택
- 무허가건물(*관공서의 허가 없이 지은 건물)
- 쉽게 철거할 수 없도록 지은 가건물
- 공장, 창고를 주거용으로 개조한 건물 : 소유자의 동의가 있는 경우

---

**미등기주택 임차인의 (최)우선변제권 관련**(대판 2007. 6. 21 선고 2004다26133 전원합의체)

**주택임대차 성립 당시 임대인의 소유였던 대지가 타인에게 양도되어 임차주택과 대지의 소유자가 서로 달라지게 된 경우, 임차인이 대지의 환가대금에 대하여 우선변제권을 행사할 수 있는지 여부**(적극)

대항요건 및 확정일자를 갖춘 임차인과 소액임차인은 임차주택과 그 대지가 함께 경매될 경우뿐만 아니라 임차주택과 별도로 그 대지만이 경매될 경우에도 그 대지의 환가대금에 대하여 우선변제권을 행사할 수 있고, 이와 같은 우선변제권은 이른바 법정담보물권의 성격을 갖는 것으로서 임대차 성립시의 임차 목적물인 임차주택 및 대지의 가액을 기초로 임차인을 보호하고자 인정되는 것이므로, 임대차성립 당시 임대인의 소유였던 대지가 타인에게 양도되어 임차주택과 대지의 소유자가 서로 달라지게 된 경우에도 마찬가지이다.

**미등기 주택의 임차인이 임차주택 대지의 환가대금에 대하여 주택임대차보호법상 우선변제권을 행사할 수 있는지 여부**(적극)

대항요건 및 확정일자를 갖춘 임차인과 소액임차인에게 우선변제권을 인정한 주택임대차보호법 제3조의2 및 제8조가 미등기 주택을 달리 취급하는 특별한 규정을 두고 있지 아니하므로, 대항요건 및 확정일자를

---

갖춘 임차인과 소액임차인의 임차주택 대지에 대한 우선변제권에 관한 법리는 임차주택이 미등기인 경우에도 그대로 적용된다. 이와 달리 임차주택의 등기 여부에 따라 그 우선변제권의 인정 여부를 달리 해석하는 것은 합리적 이유나 근거 없이 그 적용대상을 축소하거나 제한하는 것이 되어 부당하고, 민법과 달리 임차권의 등기 없이도 대항력과 우선변제권을 인정하는 같은 법의 취지에 비추어 타당하지 아니하다. 다만 소액임차인의 우선변제권에 관한 같은 법 제8조 제1항이 그 후문에서 '이 경우 임차인은 주택에 대한 경매신청의 등기 전에' 대항요건을 갖추어야 한다고 규정하고 있으나, 이는 소액보증금을 배당받을 목적으로 배당절차에 임박하여 가장 임차인을 급조하는 등의 폐단을 방지하기 위하여 소액임차인의 대항요건의 구비시기를 제한하는 취지이지, 반드시 임차주택과 대지를 함께 경매하여 임차주택 자체에 경매신청의 등기가 되어야 한다거나 임차주택에 경매신청의 등기가 가능한 경우로 제한하는 취지는 아니라 할 것이다. 대지에 대한 경매신청의 등기 전에 위 대항요건을 갖추도록 하면 입법 취지를 충분히 달성할 수 있으므로, 위 규정이 미등기 주택의 경우에 소액임차인의 대지에 관한 우선변제권을 배제하는 규정에 해당한다고 볼 수 없다.

## 주택임대차보호법에서 제외되는 경우

- 보증금이나 월세를 내지 않는 사용대차
- 여관, 호텔, 민박 등과 같이 일시사용을 위한 임대차
- 계절용 별장, 주거와 관계없는 상가, 공장, 콘도 등과 비닐하우스
- 애당초 주거용이 아니었던 것을 소유자의 허락 없이 임의 개조한 경우

## 대항요건

주택임대차보호법에서 이 법의 보호를 받으려면 임차권을 매개로 하여 주민등록(전입신고)과 주택인도(점유)를 마친 임차인이어야 하는데, 이때 주민등록(전입신고)과 주택인도(점유)의 요건을 대항요건이라 한다. 주택임대차보호법에서의 기본은 임차인의 대항요건에서 출발하게 되므로 매우 중요한 것이다. 따라서 이 요건 중에서 한 가지라도 갖추어지지 않으면 대항요건을 갖추지 못한 것이 되어 많은 불이익이 따르게 된다.

## 대항력

대항력이란 임차인이 제3자에게 자신의 임대차관계를 주장할 수 있는 권리를 말한다. 이때 제3자란 특정승계인(*매매, 교환, 증여), 포괄승계인(*상속, 포괄유증, 합병), 저당권자, 전세권자, 취득자, 매수인 등이 포함된다.

주택임대차보호법에는 "임대차는 그 등기(*주택의 건물등기)가 없는 경우에도 임차인이 주택인도와 주민등록을 마친 때에는 그 익일부터 제3자에 대하여 효력이 생긴다"라고 규정하고 있다. 즉 임차인은 임차목적물에 관하여 매매, 경·공매 등으로 소유권을 취득한 새로운 소유자나 담보물권자 또는 용익물권자 등의 제3자에 대하여 임차주택을 임대차계약기간 만료시까지 점유하고, 사용하며, 수익할 수 있는 권리를 주장할 수 있다는 의미이다.

## 넓은 의미의 대항력

넓은 의미의 대항력은 주민등록과 주택인도라는 대항요건만 갖춤으로써 제3자에게 임차권을 주장한다는 것인 바, 예를 들면 바뀐 집주인에게 임차인의 지위를 주장하여 전주인과 맺은 계약을 인정받아 계약기간까지 살 수 있음을 주장하고 전소유자에게 지불했던 임차보증금도 현소유자로부터 돌려받을 수 있는 권리 등을 말한다.

## 좁은 의미의 대항력

좁은 의미의 대항력은 주택의 등기부가 깨끗할 때, 즉 임차목적물인 주택의 건물등기부에 ㈎압류, ㈐저당, 소유권이전담보가등기, 강제경매개시결정등기가 없을 때에나 이런 권리들이 변제 등으로 그 법적 효력이 상실되었을 때 가질 수 있는 권리이다. 그러므로 이런 권리를 가지고 있을 때 우리는 '대항력이 있다'라고 하며, 이것이 부정될 때에는 '대항력이 없다'라고 말한다. 결론적으로 부동산 경·공매에서의 대항력은 좁은 의미의 대항력을 뜻한다.

---

**경매에 의한 임차권의 소멸**(*주택임대차보호법 제3조의5)
임차권은 임차주택에 대하여 「민사집행법」에 따른 경매가 행하여진 경우에는 그 임차주택의 경락에 따라 소멸한다. 다만 보증금이 모두 변제되지 아니한 대항력이 있는 임차권은 그러하지 아니하다.

---

## 효력발생일

주택임내차보호법에서 "임내차는 그 등기가 없는 경우에도 임차인이 주택의 인도와 주민등록을 마친 때에는 그 익일부터 제3자에 대하여 효력이 생긴다. 다시 말해서 대항력의 효력발생일은 대항요건을 갖춘 날의 익일(다음 날) 오전 0시이다.

그리고 여기서 중요한 것은 전입신고는 벌써 해놓고 주택인도가 늦었다든가 아니면 반대로, 주택인도는 벌써 해놓고 전입신고가 늦었다든가 하면 이 2가지 중 늦게 갖춘 다음 날에 효력이 발생한다.

---

### 대항력효력 발생일에 관한 대법원판례

**주택임대차보호법 제3조에 의한 대항력이 생기는 시점인 '익일'의 의미**(=익일 오전 영시)(대판 1999. 5. 25 선고 99다9981)

주택임대차보호법 제3조의 임차인이 주택의 인도와 주민등록을 마친 때에는 그 '익일부터' 제3자에 대하여 효력이 생긴다고 함은 익일 오전 영시부터 대항력이 생긴다는 취지이다.

**주택임차인이 주택의 인도와 주민등록을 마친 당일 또는 그 이전에 임대차계약증서상에 확정일자를 갖춘 경우, 우선변제권 발생 시기**(대판 1998. 9. 8 선고 98다26002)

주택임대차보호법 제3조제1항은, 임대차는 그 등기가 없는 경우에도 임차인이 주택의 인도와 주민등록을 마친 때에는 그 익일부터 제3자에 대하여 효력이 생긴다고 규정하고 있고, 같은 법 제3조의2제1항은, 같은 법 제3조제1항의 대항요건과 임대차계약증서상의 확정일자를 갖춘 임차인은 경매 등에 의한 환가대금에서 후순위권리자 기타 채권자보다 우선하여 보증금을 변제받을 권리가 있다고 규정하고 있는 바,

---

주택의 임차인이 주택의 인도와 주민등록을 마친 당일 또는 그 이전에 임대차계약증서상에 확정일자를 갖춘 경우 같은 법 제3조의2제1항에 의한 우선변제권은 같은 법 제3조제1항에 의한 대항력과 마찬가지로 주택의 인도와 주민등록을 마친 다음 날을 기준으로 발생한다.

## 배우자만 전입신고

배우자만 전입신고가 되어도 대항력을 갖는다. 즉 임대차계약 후 이사와 전입신고시 부득이 계약자의 배우자만 전입이 되더라도 인정된다. 가족이 계약서상의 임차인보다 먼저 전입신고를 했을 경우 주민등록의 범위는 임차인 본인에게만 한정되는 것이 아니다. 따라서 임차인을 제외한 가족이 먼저 전입신고를 하더라도 바로 그 익일부터 정상적인 대항력을 취득하게 되는 것이다.

## 직계존비속의 임대차계약

임대차계약자는 시골의 아버지, 아버지가 아닌 아들만이 주민등록과 주택인도를 한 경우라도 아들을 아버지의 점유보조자로 보기 때문에 대항요건을 갖춘 것으로 본다. 본인이나 점유보조자의 점유는 직접점유로 보기 때문이다.

## 공무원의 전입신고 실수

전입신고를 하였으나 동직원의 실수로 전입일자, 지번, 호수 등이 잘못 기재된 경우에는 임차인의 원래의 전입일의 익일부터 효력(*대항요건의 효력 발생일)이 발생되는 것으로 인정한다. 이런 경우로 인하여 임차인이나 매수인이 불이익을 받았을 때에는 국가에 손해배상을 청구할 수도 있다. 그러나 신고자의 잘못으로 인하여 발생된 것은 신고자의 책임이 되며, 이를 알고 정정했을 경우에는 정정한 다음 날에 대항력이 생긴 것으로 본다.

## 다가구주택의 지번만 기재

다가구주택의 경우 동·호수를 기재하지 않고 지번만 정확히 기재하여도 제대로 된 주민등록으로 인정한다.

## 임대차계약서상의 임차인과 실제 전입신고자가 다른 경우

• 실제의 임차인인 계약자는 전입과 점유를 하지 않고 배우자나 자녀 등 가족만 전입과 점유를 하고 있는 경우에도 대항요건을 갖춘 것으로 적법하다.

• 임차인인 계약자로부터 다시 임차한 전차인의 경우도 대항요건을 갖추어 진 것으로 적법하다.

## 간접점유자가 주민등록한 경우

간접점유자의 주민등록은 주민등록법 소정의 적법한 주민등록이라고 할 수 없고, 당해 주택에 실제로 거주하는 직접점유자가 자신의 주민등록을 마친 경우에 한하여 적법하게 대항요건을 구비한 것이라 할 수 있다.

## 기존의 채권을 임차보증금으로 전환한 경우

임대차계약 당사자가 기존 채권을 임대차보증금으로 전환하여 임대차
계약을 체결하였다는 사정만으로 임차인이 같은 법 제3조제1항 소정의
대항력을 갖지 못한다고 볼 수는 없다(*대판 2001다47535).

---

### 특수한 경우의 대항요건 구비일 및 대항력 효력발생일

갑이 주택에 관하여 소유권이전등기를 경료하고 주민등록 전입신
고까지 마친 다음 처와 함께 거주하다가 을에게 매도함과 동시에
그로부터 이를 다시 임차하여 계속 거주하기로 약정하고 처 명의
의 임대차계약을 체결한 후에야 을 명의의 소유권이전등기가 경료
된 경우, 갑의 처가 주택임대차보호법상 임차인으로서 대항력을갖
는 시기(=을 명의의 소유권이전등기 익일부터)(대판 2000. 2. 11 선고 99다
59306 [3])

갑이 주택에 관하여 소유권이전등기를 경료하고 주민등록 전입신고까
지 마친 다음 처와 함께 거주하다가 을에게 매도함과 동시에 그로부터
이를 다시 임차하여 계속 거주하기로 약정하고 임차인을 갑의 처로 하
는 임대차계약을 체결한 후에야 을 명의의 소유권이전등기가 경료된
경우, 제3자로서는 주택에 관하여 갑으로부터 을 앞으로 소유권이전
등기가 경료되기 전에는 갑의 처의 주민등록이 소유권 아닌 임차권을
매개로 하는 점유라는 것을 인식하기 어려웠다 할 것이므로, 갑의 처의
주민등록은 주택에 관하여 을 명의의 소유권이전등기가 경료되기 전에
는 주택임대차의 대항력 인정의 요건이 되는 적법한 공시 방법으로서
의 효력이 없고 을 명의의 소유권이전등기가 경료된 날에야 비로소 갑
의 처와 을 사이의 임대차를 공시하는 유효한 공시 방법이 된다고 할
것이며, 주택임대차보호법 제3조제1항에 의하여 유효한 공시 방법을 갖
춘 다음 날인 을 명의의 소유권이전등기일 익일부터 임차인으로서 대
항력을 갖는다.

경매절차에서 낙찰인이 주민등록은 되어 있으나 대항력은 없는 종전 임차인과의 사이에 새로이 임대차계약을 체결하고 낙찰대금을 납부한 경우, 종전 임차인은 당해 부동산에 관하여 낙찰인이 낙찰대금을 납부하여 소유권을 취득하는 즉시 임차권의 대항력을 취득한다고 한 사례(대판 2002. 11. 8 선고 2002다38361, 38378 [4])

경매절차에서 낙찰인이 주민등록은 되어 있으나 대항력은 없는 종전 임차인과의 사이에 새로이 임대차계약을 체결하고 낙찰대금을 납부한 경우, 종전 임차인의 주민등록은 낙찰인의 소유권취득 이전부터 낙찰인과 종전 임차인 사이의 임대차 관계를 공시하는 기능을 수행하고 있었으므로, 종전 임차인은 당해 부동산에 관하여 낙찰인이 낙찰대금을 납부하여 소유권을 취득하는 즉시 임차권의 대항력을 취득한다고 한 사례

## 대항력은 건물의 말소기준권리에 의해 결정

대항력은 토지가 아닌 건물의 말소기준권리에 의해서 결정이 된다. 즉 토지의 저당설정일 등이 아닌 건물의 저당설정일 등이 기준이다.

토지에 관한 저당권설정 후 지상에 건물이 신축된 경우 다가구주택 등의 건물임차인의 매수인에 대한 대항력 유무는 건물의 담보물권설정일 또는 가압류등기일 등을 기준으로 한다.

다시 말해서 임차인의 대항력 유무는 토지에 관한 저당권설정일이 아닌 건물의 말소기준권리에 의해 결정되므로 임차인의 전입일보다 빠른 토지에 관한 저당권설정일자의 기준에 의해 임차인의 대항력 유무를 판단하면 안 된다.

> **대지에 관한 저당권 설정 후 지상에 건물이 신축된 경우, 건물의 소액임차인에게 그 저당권 실행에 따른 환가대금에 대한 우선변제권이 있는지 여부**(대판 1999. 7. 23 선고 99다25532)
> 임차주택의 환가대금 및 주택가액에 건물뿐만 아니라 대지의 환가대금 및 가액도 포함된다고 규정하고 있는 주택임대차보호법(1999. 1. 21. 법률 제5641호로 개정되기 전의 것) 제3조의2제1항 및 제8조제3항의 각 규정

과 같은 법의 입법 취지 및 통상적으로 건물의 임대차에는 당연히 그 부지 부분의 이용을 수반하는 것인 점 등을 종합하여 보면, 대지에 관한 저당권의 실행으로 경매가 진행된 경우에도 그 지상 건물의 소액임차인은 대지의 환가대금 중에서 소액보증금을 우선변제받을 수 있다고 할 것이나, 이와 같은 법리는 대지에 관한 저당권 설정 당시에 이미 그 지상 건물이 존재하는 경우에만 적용될 수 있는 것이고, 저당권 설정 후에 비로소 건물이 신축된 경우에까지 공시 방법이 불완전한 소액임차인에게 우선변제권을 인정한다면 저당권자가 예측할 수 없는 손해를 입게 되는 범위가 지나치게 확대되어 부당하므로, 이러한 경우에는 소액임차인은 대지의 환가대금에 대하여 우선변제를 받을 수 없다고 보아야 한다.

## 06 주택임대차보호법상 전대차

### 대항요건 등과 관련한 전대차

전대차란 임대인과 직접 맺은 임대차계약이 아니고 임대인과 계약한 임차인과 맺은 계약을 말하며, 전차인은 임대인의 동의를 받아야만 대항력과 우선변제권이 유지될 수 있다.

---

**전대차계약에 관한 대법원판례**

**• 임차인이 전입하였다가 전대한 경우**

**대항력을 갖춘 주택임차인이 그 임차권을 적법하게 양도 또는 임대한 경우 임차인의 대항력의 존속 여부**(대판 1988. 4. 25 선고 87다카 2509)

대항력을 갖춘 주택임차인이 임대인의 동의를 얻어 적법하게 임차권을 양도하거나 전대한 경우에 있어서 양수인이나 전차인이 임차인의 주민등록퇴거일로부터 주민등록법상의 전입신고기간 내에 전입신고를 마치고 주택을 인도받아 점유를 계속하고 있다면 비록 위 임차권의 양도나 전대에 의하여 임차권의 공시 방법인 점유와 주민등록이 변경되었다 하더라도 원래의 임차인이 갖는 임차권의 대항력은 소멸되지 아니하고 동일성을 유지한 채로 존속한다고 보아야 한다.

**• 임차인이 전입하지 않고 전대한 경우**

**주택임차인이 임대인의 승낙을 받아 임차주택을 전대하고 그 전차**

---

인이 주택을 인도받아 자신의 주민등록을 마친 경우 임차인이 대항력을 취득하는지 여부(대판 1994. 6. 24 선고 94다3155)

주택임차인이 임차주택에 직접 점유하여 거주하지 않고 간접점유하여 자신의 주민등록을 이전하지 아니한 경우라 하더라도 임대인의 승낙을 받아 임차주택을 전대하고 그 전차인이 주택을 인도받아 자신의 주민등록을 마친 때에는 그 때로부터 임차인은 제3자에 대하여 대항력을 취득한다고 보아야 할 것이다.

## 전차인의 보증금 회수

원칙적으로 전차인은 임대인에게 직접 임차보증금반환청구를 할 수 없고, 전대인에게 청구해야 하기 때문에 경매절차에서도 전차인은 배당요구를 할 수 없다.

그러나 서민보호라는 주택임대차보호법의 입법취지상 소액임차인의 최우선변제권은 아주 강력한 물권적 권리이기 때문에 전대인이 소액임차인에 해당되고, 전차인이 소액임차인에 해당된다면 전차인의 최우선변제권을 인정하는 것이 다수설인 동시에 실무처리이다.

## 07　주택임대차보호법의 최우선변제권

### 최우선변제권

임차주택이 경·공매 등에 의하여 소유권이 이전되는 경우 경매절차에서 임차보증금 중 일정액을 타 권리자보다 최우선하여 배당받을 수 있는 권리를 말하며, 주민등록과 주택인도라는 대항요건을 갖추고 보증금이 소액보증금에 해당된다면 비록 임차인이 후순위로 대항요건을 갖추었다 하더라도 소액임차인에 해당되어 배당요구종기일까지 배당요구가 되었다면 경매부동산상의 모든 권리들보다 일정 금액을 최우선적으로 변제받을 수 있는 권리를 의미한다.

최우선변제권은 주민등록과 주택인도라는 대항요건에 소액보증금으로 임차한 임차인이면 되고 계약서상의 확정일자 유무와는 관계없이 보호받을 수 있다.

### 소액보증금 해당 여부의 판단기준일

임차인들을 포함한 많은 대다수의 사람들이 임차인의 주민등록일이나 임대차계약일을 기준으로 자신의 소액임차인 해당 여부를 가지고 판단하는 경우를 종종 본다. 그러나 소액임차인이 되는지 어떤지의 구분은 임차인의 주민등록일이나 임대차계약일과는 전혀 관계가 없다.

오로지 소액임차인에 해당하는지의 여부는 임차한 주택의 등기부상의 권리 중 최선순위의 담보물권인 (근)저당권 등의 일자를 기준으로 하여 그 등기일 당시의 법 규정에 따라 소액보증금액에 해당되는지의 여부에 따라 판단하게 된다. 그러나 최선순위 가압류 및 압류는 담보물권이 아니라 채권이므로 이 채권의 등기일자는 소액임차인의 해당 여부를 가리는 판단기준일이 될 수 없다.

## 경매개시결정등기 전과 후의 최우선변제권

최우선변제권이 미치는 범위는 토지와 건물 양자 모두에 효력이 미치지만 임차인이 경매개시결정등기 이전에 전입된 경우만 보호되며, 소액임차인이라도 경매개시결정등기 이후에 주민등록과 주택인도를 한 경우에는 최우선변제권이 없다.

## 허위의 무상거주각서

**근저당권자가 담보로 제공된 건물에 대한 담보가치를 조사할 당시 대항력을 갖춘 임차인이 그 사실을 부인하고 임차보증금에 대한 권리주장을 않겠다는 내용의 확인서를 작성해 준 경우, 그 후 그 건물에 대한 경매절차에 참가하여 배당 요구를 하는 것이 신의칙에 반한다고 본 사례**(대판 1997. 6. 27 선고 97다12211)

근저당권자가 담보로 제공된 건물에 대한 담보가치를 조사할 당시 대항력을 갖춘 임차인이 그 임대차 사실을 부인하고 임차보증금에 대한 권리주장을 않겠다는 내용의 확인서를 작성해 준 경우, 그 후 그 건물에 대한 경매절차에서 이를 번복하여 대항력 있는 임대차의 존재를 주장함과 아울러 근저당권자보다 우선적 지위를 가지는 확정일자부 임차인임을 주장하여 그 임차보증금반환채권에 대한 배당요구를 하는 것은 특별한 사정이 없는 한 금반언 및 신의칙에 위반되어 허용될 수 없다.

# 08 주택임대차보호법상 경과별 소액보증금

## 경과별 소액보증금 범위표

| 법 경과일(기준일) | 지역 | 보증금 | 최우선변제금 |
|---|---|---|---|
| 2014. 1. 1 ~ 2016. 3. 30 | 서울특별시 | 9,500만 원 이하 | 3,200만 원까지 |
| | 과밀억제권역 | 8,000만 원 이하 | 2,700만 원까지 |
| | 광역시 | 6,000만 원 이하 | 2,000만 원까지 |
| | 기타 지역 | 4,500만 원 이하 | 1,500만 원까지 |
| 2016. 3. 31 ~ 2018. 9. 17 | 서울특별시 | 10,000만 원 이하 | 3,400만 원까지 |
| | 과밀억제권역 | 8,000만 원 이하 | 2,700만 원까지 |
| | 광역시 | 6,000만 원 이하 | 2,000만 원까지 |
| | 기타 지역 | 5,000만 원 이하 | 1,700만 원까지 |
| 2018. 9. 18 ~ 2021. 5. 10 | 서울특별시 | 11,000만 원 이하 | 3,700만 원까지 |
| | 과밀억제권역 | 10,000만 원 이하 | 3,400만 원까지 |
| | 광역시 | 6,000만 원 이하 | 2,000만 원까지 |
| | 기타 지역 | 5,000만 원 이하 | 1,700만 원까지 |
| 2021. 5. 11 ~ 현재 | 서울특별시 | 15,000만 원 이하 | 5,000만 원까지 |
| | 과밀억제권역 | 13,000만 원 이하 | 4,300만 원까지 |
| | 광역시 | 7,000만 원 이하 | 2,300만 원까지 |
| | 기타 지역 | 6,000만 원 이하 | 2,000만 원까지 |

\*단, 서울특별시를 제외한 과밀억제권역, 광역시, 기타 지역의 구분은

주택임대차보호법 법률 개정에 의해 경과별로 다를 수 있다.

예를 들면, 세종특별자치시의 주택임대차보호법상 법 경과일 기준시점
은 다음과 같다.

| 법 경과일(기준일) | 보증금 | 최우선변제금 |
|---|---|---|
| 2014. 1. 1 ~ 2016. 3. 30 | 4,500만 원 이하 | 1,500만 원까지 |
| 2016. 3. 31 ~ 2018. 9. 17 | 6,000만 원 이하 | 2,000만 원까지 |
| 2018. 9. 18 ~ 2021. 5. 10 | 1억 원 이하 | 3,400만 원까지 |
| 2021. 5. 11 ~ 현재 | 1억 3,000만 원 이하 | 4,300만 원까지 |

## 경과별 소액보증금의 범위 적용실례

임차인이 2021년 8월 8일에 서울 소재의 주택을 1억 5,000만 원에 임
차하였고, 그 주택의 건물등기부상에 최초의 저당권이 2021. 3. 9에 설
정되어 있다고 가정해보면, 이 임차인의 보증금은 소액보증금에 해당
되지 않는다. 왜냐하면 건물저당권 설정일이 2021. 3. 9이면 법경과일
이 2018. 9. 18~2021. 5. 10의 범위에 들어가므로 이 기간의 서울특별시
소액보증금에 해당되려면 보증금이 1억 1,000만 원 이하이어야 하기 때
문이다.

이상과 같이 주택임대차보호법상 소액임차인은 이 경과규정에 의해 적
용되고 소급하여 적용되지 않는다. 왜냐하면 주택임대차보호법이 비록
임차인을 위한 법이라 하더라도 기존 권리자(*저당권자 등)들의 채권을 침
해하여 가면서까지 적용해 줄 수 없기 때문이다.

## 09 주택임대차보호법의 최우선변제금에 관한 유의사항

### 최우선변제권에 관한 유의사항

• 임차인의 보증금 중 일정액이 주택가액의 2분의 1을 초과하는 경우에는 주택가액의 2분의 1에 해당하는 금액까지만 최우선변제권이 있다.

• 하나의 주택에 임차인이 2명 이상이고, 그 각 보증금 중 일정액을 모두 합한 금액이 주택가액의 2분의 1을 초과하는 경우에는 그 각 보증금 중 일정액을 모두 합한 금액에 대한 각 임차인의 보증금 중 일정액의 비율로 그 주택가액의 2분의 1에 해당하는 금액을 분할한 금액을 각 임차인의 보증금 중 일정액으로 본다.

• 하나의 주택에 임차인이 2명 이상이고 이들이 그 주택에서 가정공동생활을 하는 경우에는 이들을 1명의 임차인으로 보아 이들의 각 보증금을 합산한다.

• 최우선변제권을 주장하려면 주택에 대한 경매개시결정등기 전에 대항요건을 갖추어야 하며, 배당요구종기일까지 배당요구를 하여야 한다.

### 최우선변제권의 유의사항에 의한 적용 실례

최우선변제권은 임차주택이 경·공매 등에 의하여 소유권이 이전되는 경우에 경매절차에서 보증금 중 일정액을 타 권리자보다 최우선하여 배당받을 수 있는 권리를 말한다.

그래서 소액보증금에 해당되는 소액임차인이나 일반인들은 무조건 임차보증금 중 일정액을 타 권리자들보다 최우선적으로 변제받는 것으로 많이 알고 있다. 그러나 경과별 소액보증금의 범위를 따져보아야 하고, 또한 매각대금에서 경매집행비용 등을 제외한 후 주택가액의 1/2의 범위 내에서 최우선적으로 소액임차인을 보호하고 있다.

다시 말해서 소액임차인의 최우선변제금액의 한계는 한 주택에 소액임차인이 여러 명이 있고, 그래서 최우선변제금액의 합계액이 매각가의 절반을 넘을 경우에는 그 절반의 금액 범위 내에서 각 임차인들의 소액보증금 중 일정액을 안분비례하여 배당받을 수 있도록 하고 있다.

왜냐하면 이는 임차인들만 과도하게 보호를 하게 되면 타 권리자들이 막대한 손해를 볼 수가 있기 때문이다. 그러므로 주택임대차보호법의 시행령에서도 나타나 있는 규정을 잘 살펴보면 소액임차인이라 하여 최우선변제금 전액을 무조건 다 받는 것은 아니라는 것이다.

예) 주택 매각가 : 2억 300만 원, 배당금 : 2억 원(*매각가 2억 300만 원 중 경매집행비용이 300만 원이라 가정하고 공제한 금액), 그러므로 주택가액의 1/2은 1억 원(*매득금)이다. 그리고 아래의 임차인 3명 모두는 경매개시결정기입등기 전까지 전입을 한 임차인으로서 모두 배당요구종기일까지 배당신청을 하였으며, 최우선변제금이 다음과 같다고 가정하면 내용과 같이 실제의 배당을 받게 된다.

| 구분 | 최우선변제금 | 내용 | 배당금(만 원) |
|---|---|---|---|
| 임차인 A | 5,000만 원 | 매득금 1억 원×임차인 A 채권액<br>5,000만 원÷채권합계액 13,700만 원 | 3,650 |
| 임차인 B | 5,000만 원 | 매득금 1억 원×임차인 B 채권액<br>5,000만 원÷채권합계액 13,700만 원 | 3,650 |
| 임차인 C | 3,700만 원 | 매득금 1억 원×임차인 C 채권액<br>3,700만 원÷채권합계액 13,700만 원 | 2,700 |
| 계 | 13,700만 원 | | 10,000 |

위에서 알 수 있듯이 최우선변제의 대상이라고 하더라도 상황에 따라서는 최우선변제금액을 모두 배당받을 수 있는 것은 아니라는 사실을 잘 알아야 한다.

## 10 주택임대차보호법의 확정일자 및 우선변제권

### 확정일자의 의의

주택임대차보호법에서 말하는 확정일자란 법원 또는 동사무소 등에서 임대차계약서의 여백에 번호를 부여하고 날짜(*확정일자인)를 찍어주는데, 이때의 그 날짜를 의미하는 것이며, 이 확정일자는 등기부상의 권리일과 타 권리자들과의 우선순위를 비교할 수 있는 것으로 준물권적 효력이 있다.

### 확정일자의 효력

확정일자 순위에 따른 우선변제적 효력은 주택·상가건물임대차보호법에서 인정하는 특수한 효력이다. 이 확정일자를 부여받음으로써 발생되는 '우선변제권'은 주민등록과 주택인도라는 2가지 대항요건 외에 계약서에 확정일자가 있어야 하는 것으로 주민등록과 주택인도를 마친 날의 익일에 그 효력이 발생한다.

그리고 확정일자를 먼저 받고 주민등록과 주택인도를 나중에 하였다면 이를 마친 다음 날이 효력발생일이 되어 그때서야 우선변제권이 발생한다.

## 우선변제권의 의의

우선변제권이란 주민등록과 주택인도라는 대항요건에 덧붙여 계약서에 확정일자까지 받으면 후순위 담보권자나 일반채권자에 우선하여 배당받을 수 있는 권리를 말한다.

우선변제권을 위해서 확정일자를 받으면 주민등록과 주택인도를 마친 다음 날에 그 효력이 발생하므로 대항요건(*주민등록과 주택인도)을 구비하고 확정일자라는 3가지 요건을 모두 갖추어 놓으면 후순위 담보권자나 일반채권자에 우선하여 배당받을 수 있는 권리인 이것이 확정일자의 효력인데, 우선변제요건(*대항요건과 확정일자)을 갖춘 임차권은 물권과 동등하게 그 효력발생일의 선후를 따져 순위대로 매각대금에서 배당을 받을 수 있다.

## 확정일자의 준물권화

주택임대차보호법상 우선변제권은 채권인 임차권에 확정일자라는 '날짜'를 부여함으로써 등기부상의 각 권리들의 날짜와 비교할 수 있게 하여 그 순위를 따져 볼 수 있도록 한 것인 바, 대항력과 더불어 확정일자에 의한 우선변제권제도는 주택임대차보호법에서 채권인 임차권을 '준물권화'시킨 제도 중의 하나이다.

> ### 확정일자에 의한 우선변제권은 있으나 배당요구종기일까지 배당요구신청을 하지 않은 임차인
>
> 최우선변제권자(*소액임차인)를 포함한 우선변제권 가진 임차인이 배당요구신청을 하지 않으면 최우선변제금 및 우선변제금을 받을 수 없다. 즉 소액임차인이라 하더라도 법원에 권리신고 및 배당요구를 배당요구종기일까지 하여야만 최우선변제금 및 우선변제금을 받을 수 있다.

## 우선변제권에 관한 유의사항

• 확정일자를 받을 계약서는 반드시 원본이어야 하고, 계약서를 분실하여 확정일자를 받은 사실을 증명하기 어렵게 되는 경우에는 우선변제권을 행사할 수 없게 될 수 있으므로 계약서를 잘 보관하여야 한다.

• 계약 당일에 계약서를 곧바로 동사무소로 가져가서 주민등록과 동시에 확정일자를 받아두는 것이 좋다. 왜냐하면 대항요건에 의한 대항력효력의 발생이나 우선변제권 때문에 하루라도 빨리 해두는 것이 유리하기 때문이다. 이때 가족 중 일부만 먼저 전입을 해두어도 관계가 없다. 만약 가족 전체를 전입신고하면 앞에 살던 주택에 대한 임차인의 대항력 등의 권리가 소멸되는 것으로 되어 불이익을 받을 수도 있기 때문이다. 그러나 우선변제권에 대해 정확히 알아두어야 할 것은 임차인이 주민등록과 주택인도를 받기 전에 그 집에 이미 (가)압류등기, (근)저당권등기, 소유권이전담보가등기 등이 있어 대항력이 없고 우선변제순위가 후순위로 되었다면 차후 임차목적물이 경매나 가등기에 기한 본등기에 의하여 소유자가 변경될 경우 임차권은 소멸되므로 임차인은 새로운 소유자에게 대항할 수 없게 될 뿐만 아니라 우선변제권으로 보

증금을 전액 또는 일부를 회수하지 못할 수도 있다.

• 우선변제권을 주장하려면 주택에 대한 경매개시결정등기 전에 확정일자를 갖추어야 한다. 그리고 배당요구종기일까지 배당요구를 하여야 우선변제권이 있다.

## 확정일자에 의한 우선변제권의 정확한 이해

확정일자에 의한 순위가 늦다면 늦은 우선변제권으로는 보증금 회수에 많은 타격을 입을 수 있다. 즉 날짜가 등기부상의 타 권리자들의 날짜보다 늦거나 타 임차인들의 확정일자보다 늦다면 보증금 중 일부만 변제받거나 전액 변제받지 못할 수가 있으므로 확정일자를 받아 두었다고 해서 무조건 보증금이 안전한 것은 아니다.

다시 말해서 경매처리시 주민등록과 주택인도 및 확정일자가 (가)압류등기, (근)저당권등기, 소유권이전담보가등기 등의 권리들보다 후순위일 때는 배당이 전혀 없거나(*임대차의 우선변제권보다 선순위의 권리들이 배당을 모두 받아가고 남음이 없을 때), 있더라도 미미한 금액을 배당(*임대차의 우선변제권보다 선순위의 권리들이 배당을 모두 받아가고도 남음이 조금 있을 때)받을 뿐이다.

물론 임차인의 우선변제권보다 빠른 선순위의 권리자들이 배당을 모두 받아가고도 보증금 전액을 배당받을 수 있을 만큼 충분한 남음이 있다면 보증금 전액을 배당받을 수 있어 다행이겠지만 그렇지 못한 경우가 대부분이다. 그러므로 보증금 전액을 배당받는 경우는 상당히 운이 좋은 경우라고 할 수 있다. 또한 임차인이 '소액임차인'에 해당된다면 '최우선변제금'이라도 받을 수가 있지만 그렇지 않으면 임차인의 우선변제권보다 빠른 선순위의 권리자들이 배당을 모두 받아가고 남음이 없을 때에는 전혀 보호를 받을 수 없다는 것이다.

그러므로 주택임차시 확정일자만 과신하는 것은 절대금물이며, 오직 등기부상에 나타나는 채권액이 부동산의 가치에 비해 훨씬 적어야 할 것과 다른 임차인들이 적어야 한다는 것이다.

## 대항요건 및 우선변제권의 유지

임차주택이 경매가 개시된 경우 임차보증금을 우선변제받으려면 필히 배당요구종기일까지 법원에 '권리신고 겸 배당요구 신청서'를 제출하여야만 최우선변제 및 우선변제를 받을 수 있다. 그리고 중요한 사실은 이때까지 대항요건과 우선변제권은 계속 유지가 되어야 한다.

**주택임대차보호법상 우선변제의 요건인 주택의 인도와 주민등록의 존속기간의 종기**(=민사집행법상 배당요구의 종기)(대판 2007. 6. 14 선고 2007다17475)
주택임대차보호법 제8조에서 임차인에게 같은 법 제3조제항 소정의 주택의 인도와 주민등록을 요건으로 명시하여 그 보증금 중 일정액의 한도 내에서는 등기된 담보물권자에게도 우선하여 변제받을 권리를 부여하고 있는 점, 위 임차인은 배당요구의 방법으로 우선변제권을 행사하는 점, 배당요구시까지만 위 요건을 구비하면 족하다고 한다면 동일한 임차주택에 대하여 주택임대차보호법 제8조 소정의 임차인 이외에 같은 법 제3조의2 소정의 임차인이 출현하여 배당요구를 하는 등

경매절차상의 다른 이해관계인들에게 피해를 입힐 수도 있는 점 등에 비추어 볼 때, 공시방법이 없는 주택임대차에 있어서 주택의 인도와 주민등록이라는 우선변제의 요건은 그 우선변제권 취득시에만 구비하면 족한 것이 아니고, 민사집행법상 배당요구의 종기까지 계속 존속하고 있어야 한다.

## 대항요건 및 우선변제권의 상실

가족을 남겨두고 임차인만 다른 곳으로 전출을 하였다가 다시 전입하는 것은 대항요건을 유지하는 데는 아무 이상이 없겠으나, 임차인을 포함한 가족 전체가 이사를 간다면 그 즉시 대항요건이 상실된다. 게다가 대항요건이 상실되면 (최)우선변제권 또한 상실한다.

따라서 이사를 갔다 오거나 또는 다시 전입신고가 되거나 하면 다시 그 시점부터 대항요건을 갖추는 것이 된다. 그러므로 가족이 이사를 갔다 와야 하거나 전출을 하여야 하는 경우가 발생한다면 대항요건의 유지를 위해서 가족 전체가 아닌 일부만 전출하여야 한다.

## 확정일자 부여 및 임대차 정보제공

• 임대차계약을 체결하려는 자는 임대인의 동의를 받아 수수료를 납부 후 확정일자부여기관에 제3항에 따른 정보제공을 요청할 수 있다.
• 주택의 임대차에 이해관계가 있는 자는 확정일자부여기관에 해당 주택의 확정일자 부여일, 차임 및 보증금 등 정보의 제공을 요청할 수 있

다. 이 경우 요청을 받은 확정일자부여기관은 정당한 사유 없이 이를 거부할 수 없다.

## 11 겸유권

### 겸유권의 의의

주민등록과 주택인도라는 대항요건을 갖추어 이것이 등기부상의 다른 권리들보다 빨라서 대항력이 있고, 계약서에 받은 확정일자도 다른 권리들의 일자보다 빠르다고 가정해보자. 즉 대항력(*경·공매에서는 좁은 의미의 대항력)과 우선변제권도 최선순위의 권리도 함께 가지고 있다면 주택임대차보호법에는 없는 용어이지만 두 가지의 권리 모두를 겸비하고 있다는 뜻으로 편의상 '겸유권'이라 말할 수 있겠다.

### 겸유권자의 보증금 회수 방법

• 대항력자가 권리신고(*통상 법원에 비치하고 있는 양식은 권리신고 및 배당요구신청서가 한 장의 양식으로 되어 있음)만 하여 배당요구를 하지 않고 임차보증금을 경매의 매각대금에서 배당받는 것이 아니라 매수인에게 회수하는 방법이다.
• 권리신고 및 배당요구신청도 하여 최선위자로서 매각대금에서 1순위로 배당받는 회수방법이다.

### 대항력은 있으나 우선변제권이 후순위인 경우

주민등록과 주택인도라는 대항요건을 갖추었으나 확정일자를 늦게 받아서 대항력은 있지만 우선변제권이 후순위가 되는 경우가 있다. 왜냐하면 주민등록과 주택인도까지는 선순위로 필하여 대항력을 확보했으나 확정일자를 받는 것을 어떠한 이유로 늦게 교부받았기 때문이다.

## 대항력은 있고 우선변제권이 후순위인 임차인의 보증금 회수 방법

• 권리신고는 하되 배당요구신청을 포기하고 매수인에게 대항하여 보증금 전액을 매수인으로부터 회수하는 방법이 있다.

• 배당요구신청을 하여 우선변제권에 기한 순위에 의해 배당을 받고, 그 수령액이 보증금에 부족할 경우에는 대항력으로 매수인에게 대항하여 그 잔여금액을 매수인으로부터 회수하는 방법이 있다.

> **대항력과 우선변제권을 겸유하고 있는 임차인이 배당요구를 하였으나 보증금 중 일부만을 배당받은 후 임차목적물 전부를 계속하여 사용·수익하는 경우, 배당받은 보증금에 해당하는 부분에 대한 부당이득반환 의무의 존부**(대판 1998. 7. 10 선고 98다15545 [3])
> 주택임대차보호법상의 대항력과 우선변제권을 겸유하고 있는 임차인이 배당요구를 하였으나 보증금 전액을 배당받지 못하였다면 임차인은 임차보증금 중 배당받지 못한 금액을 반환받을 때까지 그 부분에 관하여는 임대차관계의 존속을 주장할 수 있으나 그 나머지 보증금 부분에 대하여는 이를 주장할 수 없으므로, 임차인이 그의 배당요구로 임대차계약이 해지되어 종료된 다음에도 계쟁 임대 부분 전부를 사용·수익하고 있어 그로 인한 실질적 이익을 얻고 있다면 그 임대 부분의 적정한 임료 상당액 중 임대차관계가 존속되는 것으로 보는 배당받지 못한 금액에 해당하는 부분을 제외한 나머지 보증금에 해당하

는 부분에 대하여는 부당이득을 얻고 있다고 할 것이어서 이를 반환
하여야 한다.

# 12 배당요구신청시 임차인의 선택

## 겸유권 임차인의 선택

겸유권자가 배당요구신청을 하여 전액 배당받으면 임대차계약이 해지될 것이다. 이렇게 계약이 해지된다면 임차인은 새로 살 집을 구해야 하는 불편함이 따를 것이고, 게다가 주택의 임대시세가 현재에 오르고 있는 중이라면 오른 보증금으로 인하여 회수하게 되는 기존의 보증금 외에 추가로 자금을 마련하여야 할 문제가 생겨날 수도 있을 것이다.

그래서 임차인은 개인사정에 따라서 다양한 생각과 걱정으로 많은 갈등을 하게 된다. 배당요구신청을 하는 것이 유리할까, 배당요구신청을 하지 않는 것이 유리할까, 직접 입찰을 보는 것이 좋을까, 배당만 받고 그냥 이사를 갈까, 대항력이 있으므로 배당요구신청을 안 하였다 하더라도 보증금은 떼일 염려는 없는데, 배당요구신청을 하면 계약해지의 사표시가 되어 주택을 인도해주어야 하고… 등등의 이런 갈등 때문에 임차인은 배당요구신청의 선택을 하게 될 것이다.

## 겸유권자가 배당요구를 하지 않은 경우

• 입찰에 응하지도 않거나 입찰하여 낙찰을 받지 못한 경우

임차인이 겸유권자이지만 배당요구를 하지 않았다. 그리고 임차인이 이

경매사건에 입찰을 하지 않거나 입찰하여도 낙찰을 받지 못하였다면 오로지 대항력만으로 임대차계약만료시까지 거주하였다가 만료시에 매수인에게 임차보증금을 돌려받고 주택을 인도하여주면 될 것이다.

• 입찰하여 낙찰을 받은 경우
겸유권자이지만 배당요구를 하지 않았다. 그러나 임차인이 입찰하여 낙찰을 받았다면 임차주택을 이사할 필요도 없이 낙찰받은 가격만 납부하면 그냥 취득하게 된다. 참고로 이런 경우 임차인의 보증금을 잔금과 상계할 수 없다. 왜냐하면 배당요구신청이 없었기 때문이므로 입찰보증금을 제외한 전액을 잔금으로 납부하여야 한다.

## 겸유권자가 배당요구를 한 경우
• 입찰하여 낙찰을 받지 못한 경우
겸유권자가 배당요구를 한 후 임차인이 당 사건에 입찰을 하여 낙찰을 받지 못하였다면 배당요구는 계약해지의사표를 한 것이므로 1순위자로서 배당을 받고 주택을 인도하여 주면 될 것이다. 그러나 임차인이 주택인도가 그리 쉽지 않은 상황이라면 배당받게 될 보증금 채권액만큼 또는 보증금 인상조건으로 매수인과 새로운 임대차계약을 협상해 볼 필요가 있을 것이다.

만약 임차인이 낙찰을 받지 못하고 계속 거주를 원한다면 하루라도 빨리 매수인과 임대가능성 유무를 확인해보아야 하고, 새로운 임대차계약에 대하여 쌍방이 합의하였다면 매각결정일 전에 임차인이 배당지급일에 받게 될 보증금을 매수인이 납부하여야 할 잔금과 상계할 수 있도록 협력하면 될 것이다.

• 입찰하여 낙찰을 받은 경우
겸유권자가 배당요구를 한 후 임차인이 당 경매사건에 입찰을 하여 낙찰을 받게 되면 매각결정일까지 우선변제 임차보증금과 매각대금을 상계신청하여 법원의 허가를 받고 그 차액만을 대금납부일(*상계시 배당지급일과 동일자)에 납부하면 될 것이다.

**대항요건 갖춘 날이 저당권설정일보다 빠른 경우**(*대항요건의 효력발생일과 저당권설정일이 동일자인 경우)

주민등록과 주택인도라는 대항요건은 2가지 중 늦게 갖춘 날의 익일(다음 날)이 대항요건 효력발생일이 된다. 즉 그날 밤 12시(*익일 오전 0시)부터 효력이 발생(*효력발생일)하므로 저당권이 설정되는 낮 시간보다 앞서기 때문에 대항력이 있다.

> **대항요건 갖춘 날이 저당권설정일보다 빠른 경우**(*대항요건 7일 / 건물저당 8일)
> 8일의 오전 0시부터 대항요건의 효력이 발생(*대항력 확보)하므로 낮에 이루어지는 저당권보다 빠르기 때문에 대항력이 있다.

**대항요건 갖춘 날이 저당권설정일과 같은 경우**

주민등록과 주택인도 중 가장 늦게 갖춘 일자와 저당권설정일과 비교하여 우선순위를 정한다. 그래서 대항요건 갖춘 날과 설정일이 같은 날일 때에는 대항력이 없으며 저당권이 우선한다.

> **대항요건 갖춘 날이 저당권설정일과 같은 경우**(*대항요건 8일 / 건물저당 8일)
> 9일의 오전 0시부터 대항력을 확보하므로 대항력이 없다.

## 대항요건 갖춘 날과 확정일자가 저당권설정일과 같은 경우

임차인의 대항력은 없다. 그리고 확정일자에 의한 우선변제권도 익일부터 효력이 발생되어 이 시점으로 계산하여 순위가 정해진다. 따라서 이 경우는 저당권설정일보다 후순위로 된다.

> **대항요건 갖춘 날과 확정일자가 저당권설정일과 같은 경우**(*대항요건 8일 / 확정일자 8일 / 건물저당 8일)
> 9일의 오전 0시부터 대항력을 확보하므로 대항력이 없다. 또한 9일의 오전 0시부터 우선변제권을 확보하므로 저당권자보다 후순위의 배당순위가 된다.

## 대항요건 갖춘 날은 빠르고 확정일자는 저당권설정일과 같은 경우

대항력이 있다. 확정일자를 주택인도와 주민등록일과 같은 날 또는 그 이전에 갖춘 경우에 우선변제적 효력은 대항력과 마찬가지로 주민등록과 주택인도를 마친 다음 날에 효력이 발생한다. 즉 주민등록과 주택인도를 마친 다음 날이 효력발생일이 되고, 다음 날 받은 확정일자는 바로 그날부터 효력이 발생되기 때문에 순위가 저당권설정일과 같아

동순위가 되므로 임차인은 저당권자와 그 채권액에 비례하여 평등하게 배당받게 된다.

> **대항요건 갖춘 날은 빠르고 확정일자는 저당권설정일과 같은 경우**
> (*대항요건 7일 / 확정일자 8일 / 건물저당 8일)
> 8일의 오전 0시부터 대항력을 확보하므로 대항력이 있다. 그리고 8일에 우선변제권을 확보하므로 저당권자와 동순위가 되어 서로의 채권액에 비례하여 평등배당을 받게 된다.

## 대항요건 갖춘 날과 확정일자가 저당권설정일보다 빠른 경우

대항력도 있고, 우선변제권도 저당권보다 선순위로 확보한다. 이런 경우의 임차인은 겸유권이 있다.

> **대항요건 갖춘 날과 확정일자가 저당권설정일보다 빠른 경우**(*대항요건 7일 / 확정일자 7일 / 건물저당 8일)
> 8일의 오전 0시부터 대항력을 확보하므로 8일의 낮에 하는 저당권설정보다 앞서기 때문에 대항력이 있다. 또한 효력발생일인 8일의 오전 0시부터 우선변제권을 확보하므로 8일의 낮에 하는 저당설정보다 빨라서 선순위의 배당순위도 확보한다.

# 14 주택임대차기간·계약연장, 보증금증액·월차임전환

## 임대차기간

• 기간을 정하지 아니하거나 2년 미만으로 정한 임대차는 그 기간을 2년으로 본다. 다만 임차인은 2년 미만으로 정한 기간이 유효함을 주장할 수 있다.

• 임대차기간이 끝난 경우에도 임차인이 보증금을 반환받을 때까지는 임대차관계가 존속되는 것으로 본다.

## 임대차계약연장

2년의 임대차계약기간이 만료되어 그 기간이 연장된 경우 새로 임대차계약서를 작성할 것인지, 아니면 그대로 두어도 되는 것인지 많은 걱정들을 하는데 계약이 묵시적으로 갱신되었다면 계약서를 그대로 두면 될 것이고, 임대차기간만료 후 계약서를 굳이 새로이 쓰고자 한다면 새로운 계약서에 다시 확정일자를 받을 필요 없이 구계약서를 잘 보관만 하고 있으면 되겠다.

## 차임 등의 증감청구권

• 당사자는 약정한 차임이나 보증금이 임차주택에 관한 조세, 공과금, 그 밖의 부담의 증감이나 경제사정의 변동으로 인하여 적절하지 아니

하게 된 때에는 장래에 대하여 그 증감을 청구할 수 있다. 이 경우 증액청구는 임대차계약 또는 약정한 차임이나 보증금의 증액이 있은 후 1년 이내에는 하지 못한다.

• 증액청구는 약정한 차임이나 보증금의 20분의 1의 금액을 초과하지 못한다. 다만 특별시·광역시·특별자치시·도 및 특별자치도는 관할구역 내의 지역별 임대차 시장 여건 등을 고려하여 보증금의 20분의 1의 금액의 범위에서 증액청구의 상한을 조례로 달리 정할 수 있다.

### 보증금증액시 대처 방법

보증금의 인상이 있다면 증액된 부분만의 별도 계약서에 확정일자를 받아두면 된다. 그리고 소액보증금에 해당되었던 임차인의 경우는 증액된 합계금으로 인하여 소액보증금이 아닌 것으로 되어 '최우선변제권'도 상실하는 경우가 발생한다. 그러므로 임대인으로부터 보증금증액 요청이 있을 때에는 증액을 해주어도 소액임차인에 해당되는지 어떤지도 따져보아 적절히 잘 대처하여야 할 것이다.

## 월차임 전환시 산정률의 제한

주택임대차보호법에서는 임대인의 과다한 월차임의 요구로 인한 임차인의 피해를 방지하기 위하여 보증금의 전부 또는 일부를 월 단위의 차임으로 전환하는 경우 월차임 전환시의 산정률은 연 10% 또는 한국은행에서 공시한 기준금리에 2%를 더한 비율 중 낮은 비율을 곱한 월차임의 범위를 초과할 수 없다.

## 주택임대차보호법상 초과 차임 등의 반환청구

임차인이 주택임대차보호법상의 증액비율을 초과하여 차임 또는 보증금을 지급하거나 월차임 산정률을 초과하여 차임을 지급한 경우에는 초과 지급된 차임 또는 보증금 상당금액의 반환을 청구할 수 있다.

# 주택임대차보호법상 계약 갱신 및 해지

임대차계약이 체결되면 임대인이든 임차인이든 간에 정해진 계약기간 내에서는 어느 일방도 특별한 사정이 없는 한 계약을 임의로 해지할 수 없다. 왜냐하면 주택·상가건물임대차보호법이 아무리 임차인을 위한 법이라 하더라도 계약기간이 만료되기 전에 임차인이 임대인을 상대로 임의로 계약해지와 보증금반환을 요구하더라도 정해진 계약기간 내에서는 계약해지를 할 수 없기 때문이다.

## 계약의 갱신

임대인이 임대차기간이 끝나기 6개월 전부터 2개월 전까지의 기간에 임차인에게 갱신거절통지를 하지 아니하거나 계약조건을 변경하지 아니하면 갱신하지 아니한다는 뜻의 통지를 하지 아니한 경우에는 그 기간이 끝난 때에 전 임대차와 동일한 조건으로 다시 임대차한 것으로 보고, 임차인이 임대차기간이 끝나기 2개월 전까지 통지하지 아니한 경우에도 또한 같다. 이 경우 임대차의 존속기간은 2년으로 본다.

## 계약갱신 요구

계약갱신의 규정에도 불구하고 임대인은 임차인이 임대차기간이 끝나기 6개월 전부터 2개월 전까지 기간이내에 계약갱신을 요구할 경우 정당한 사유 없이 거절하지 못한다. 다만 다음의 어느 하나에 해당하는 경우에는 그러하지 아니하다.

- 임차인이 2기의 차임액에 해당하는 금액에 이르도록 차임을 연체한 사실이 있는 경우
- 임차인이 거짓이나 그 밖의 부정한 방법으로 임차한 경우
- 서로 합의하여 임대인이 임차인에게 상당한 보상을 제공한 경우
- 임차인이 임대인의 동의 없이 목적 주택의 전부 또는 일부를 전대한 경우
- 임차인이 임차한 주택의 전부 또는 일부를 고의나 중대한 과실로 파손한 경우
- 임차한 주택의 전부 또는 일부가 멸실되어 임대차의 목적을 달성하지 못할 경우
- 임대인이 다음의 어느 하나에 해당하는 사유로 목적 주택의 전부 또는 대 부분을 철거하거나 재건축하기 위하여 목적 주택의 점유를 회복할 필요가 있는 경우
  ① 임대차계약 체결 당시 공사시기 및 소요기간 등을 포함한 철거 또는 재건축 계획을 임차인에게 구체적으로 고지하고 그 계획에 따르는 경우
  ② 건물이 노후·훼손 또는 일부 멸실되는 등 안전사고의 우려가 있는 경우
  ③ 다른 법령에 따라 철거 또는 재건축이 이루어지는 경우
- 임대인(*임대인의 직계존속·직계비속을 포함)이 목적 주택에 실제 거주하려는

경우

• 그 밖에 임차인이 임차인으로서의 의무를 현저히 위반하거나 임대차를 계속하기 어려운 중대한 사유가 있는 경우

## 임대차임차인의 계약갱신요구권 행사

임차인의 계약갱신요구권을 1회에 한하여 행사할 수 있다. 이 경우 갱신되는 의 존속기간은 2년으로 본다.

## 갱신되는 임대차

갱신되는 임대차는 전 임대차와 동일한 조건으로 다시 계약된 것으로 본다. 다만 차임과 보증금은 차임 등의 증감청구권 범위에서 증감(*증액청구는 약정한 차임이나 보증금의 20분의 1의 금액)할 수 있다.

## 갱신되는 임대차의 해지는 묵시적 갱신의 경우 계약의 해지를 준용

계약이 갱신된 경우 임차인은 언제든지 임대인에게 계약해지를 통지할 수 있고, 이 경우 해지는 임대인이 그 통지를 받은 날부터 3개월이 지나면 그 효력이 발생한다.

## 임대인은 갱신거절로 인하여 임차인이 입은 손해배상

임대인(*임대인의 직계존속·직계비속을 포함)이 목적 주택에 실제 거주하려는 사유로 갱신을 거절하였음에도 불구하고 갱신요구가 거절되지 아니하였더라면 갱신되었을 기간이 만료되기 전에 정당한 사유 없이 제3자에게

목적 주택을 임대한 경우 임대인은 갱신거절로 인하여 임차인이 입은 손해를 배상하여야 한다.

## 갱신거절로 인한 손해배상액

손해배상액은 거절 당시 당사자 간에 손해배상액의 예정에 관한 합의가 이루어지지 않는 한 다음의 금액 중 큰 금액으로 한다.

- 갱신거절 당시 월차임의 3개월분에 해당하는 금액
- 임대인이 제3자에게 임대하여 얻은 환산월차임과 갱신거절 당시 환산월차임 간 차액의 2년분에 해당하는 금액
- 임대인(*임대인의 직계존속·직계비속을 포함)이 목적 주택에 실제 거주하려는 사유로 인한 갱신거절로 인하여 임차인이 입은 손해액

# 16 임차권등기

임대차계약이 만료되었음에도 불구하고 보증금을 반환받고 있지 못한 상태에서 다른 곳으로 이사를 가야하거나 퇴거를 하여야 할 경우라면 대항요건 및 우선변제권을 확보할 목적으로 법원에 임차권등기 신청을 하면 된다. 이렇게 임차권등기를 해둠으로써 임차인의 대항요건 등은 유지되는 것으로 법의 보호를 받는다.

## 임차권등기신청

임대차가 끝난 후 보증금이 반환되지 아니한 경우 임차인은 임차주택의 소재지를 관할하는 지방법원·지방법원지원 또는 시·군 법원에 임차권등기명령을 신청할 수 있는데, 임차권등기명령의 신청서에는 다음의 사항을 적어야 하며, 신청의 이유와 임차권등기의 원인이 된 사실을 소명하여야 한다.

- 신청의 취지 및 이유
- 임대차의 목적인 주택(*임대차의 목적이 주택의 일부분인 경우에는 해당 부분의 도면을 첨부)
- 임차권등기의 원인이 된 사실(*임차인이 제3조제1항·제2항 또는 제3항에 따른 대항력을 취득하였거나 제3조의2제2항에 따른 우선변제권을 취득한 경우에는 그 사실)
- 그 밖에 대법원규칙으로 정하는 사항

## 임차권등기가 되어 있는 해당 부분을 임차한 임차인(주택임대차보호법 제3조의3 제6항에서 주의할 사항)

임차권등기명령의 집행에 따른 임차권등기가 끝난 주택(*임대차의 목적이 주택의 일부분인 경우에는 해당 부분으로 한정)을 그 이후에 임차한 임차인은 제8조에 따른 최우선변제를 받을 권리가 없고, 확정일자를 갖추더라도 순위에 따른 우선변제권만 행사할 수 있을 뿐이다.

## 임대인의 임대차보증금 반환의무와 임차인의 임차권등기 말소의무가 동시이행관계에 있는지 여부(대판 2005. 6. 9 선고 2005다4529)

주택임대차보호법 제3조의3 규정에 의한 임차권등기는 이미 임대차계약이 종료하였음에도 임대인이 그 보증금을 반환하지 않는 상태에서 경료되게 되므로, 이미 사실상 이행지체에 빠진 임대인의 임대차보증금의 반환의무와 그에 대응하는 임차인의 권리를 보전하기 위하여 새로이 경료하는 임차권등기에 대한 임차인의 말소의무를 동시이행관계에 있는 것으로 해석할 것은 아니고, 특히 위 임차권등기는 임차인으로 하여금 기왕의 대항력이나 우선변제권을 유지하도록 해주는 담보적 기능만을 주목적으로 하는 점 등에 비추어 볼 때 임대인의 임대차보증금의 반환의무가 임차인의 임차권등기 말소의무보다 먼저 이행되어야 할 의무이다.

## 임차권등기명령에 의하여 임차권등기를 한 임차인이 민사집행법 제148조제4호에 정한 채권자에 준하여 배당요구를 하지 않아도 배당을 받을 수 있는 채권자에 속하는지 여부(대판 2005. 9. 15 선고 2005다33039)

임차권등기명령에 의하여 임차권등기를 한 임차인은 우선변제권을 가지며, 위 임차권등기는 임차인으로 하여금 기왕의 대항력이나 우선변제권을 유지하도록 해주는 담보적 기능을 주목적으로 하고 있으므로, 위 임차권등기가 첫 경매개시결정등기 전에 등기된 경우, 배당받을 채권자의 범위에 관하여 규정하고 있는 민사집행법 제148조제4호의 "저당권·전세권, 그 밖의 우선변제청구권으로서 첫 경매개시결정등기 전에 등기되었고 매각으로 소멸하는 것을 가진 채권자"에 준하여, 그 임차인은 별도로 배당요구를 하지 않아도 당연히 배당받을 채권자에 속하는 것으로 보아야 한다.

**주택임대차보호법 제3조의3에서 정한 임차권등기명령에 따른 임차권등기에 민법 제168조 제2호에서 정하는 소멸시효 중단사유인 압류 또는 가압류, 가처분에 준하는 효력이 있는지 여부**(소극)(대판 2019. 5. 16 선고 2017다226629)

주택임대차보호법 제3조의3에서 정한 임차권등기명령에 따른 임차권등기는 특정 목적물에 대한 구체적 집행행위나 보전처분의 실행을 내용으로 하는 압류 또는 가압류, 가처분과 달리 어디까지나 주택임차인이 주택임대차보호법에 따른 대항력이나 우선변제권을 취득하거나 이미 취득한 대항력이나 우선변제권을 유지하도록 해주는 담보적 기능을 주목적으로 한다. 비록 주택임대차보호법이 임차권등기명령의 신청에 대한 재판절차와 임차권등기명령의 집행 등에 관하여 민사집행법상 가압류에 관한 절차규정을 일부 준용하고 있지만, 이는 일방 당사자의 신청에 따라 법원이 심리·결정한 다음 등기를 촉탁하는 일련의 절차가 서로 비슷한 데서 비롯된 것일 뿐 이를 이유로 임차권등기명령에 따른 임차권등기가 본래의 담보적 기능을 넘어서 채무자의 일반재산에 대한 강제집행을 보전하기 위한 처분의 성질을 가진다고 볼 수는 없다. 그렇다면 임차권등기명령에 따른 임차권등기에는 민법 제168조 제2호에서 정하는 소멸시효 중단사유인 압류 또는 가압류, 가처분에 준하는 효력이 있다고 볼 수 없다.

제4장.

# 실전 핵심 권리분석

| 서울남부지방법원 | | 2013 타경 ***** | | 서울특별시 양천구 목동 ○○아파트 | | |
|---|---|---|---|---|---|---|
| 물건종류 | 아파트 | 채권자 | 중○○○○ | 감정가(원) | | 634,000,000 |
| 대지권 | 63.3㎡(19.1평) | 매각대상 | 토지/건물 | 최저가(원) | | (41%) 259,686,000 |
| 전용면적 | 66.6㎡(20.1평) | 배당종기일 | 2013-09-02 | 입찰보증금(원) | | (20%) 51,938,000 |

〈임차인 현황〉

| 성립일자 | 권리자 | 권리종류(점유부분) | 권리금액(원) | 권리신고 |
|---|---|---|---|---|
| 전입 2011-08 17<br>확정 2011-09-15<br>배당요구 없음 | 이○○ | 주택임차인 전부 | 260,000,000 | 유 |

〈등기부 현황〉

| 구분 | 성립일자 | 권리종류 | 권리자 | 권리금액(원) | 소멸여부 |
|---|---|---|---|---|---|
| 을7 | 2011-09-28 | 근저당 | 중○○○○ | 348,000,000 | 소멸기준 |
| 을9 | 2012-01-13 | 근저당 | 하○○○○○ | 56,000,000 | 소멸 |
| 을10 | 2012-09-06 | 근저당 | 윤○○ | 250,000,000 | 소멸 |
| 갑4 | 2013-06-27 | 임의경매 | 중○○○○ | | 소멸 |

〈기일 현황〉

| 회차 | 매각기일 | 최저매각가(원) | 결과 | 비고 |
|---|---|---|---|---|
| 신건 | 2013-10-08 | 634,000000 | 유찰 | |
| 4차 | 2014-01-28 | 324,608,000 | 매각 | 입찰 1명 / 낙찰가 456,487,000원 /<br>대금미납 |
| 4차 | 2014-04-02 | 324,608,000 | 유찰 | |
| 5차 | 2014-05-14 | 259,686,000 | 매각 | 입찰 10명 / 낙찰가 303,800,000원 |

〈등기부 현황〉상 권리들은 을구 7의 2011. 9. 28 중○○○○ 근저당권을 말소기준권리로 하여 전부 소멸이 되는 권리들이다. 임차인 이○○는 전입신고가 1번 근저당권보다 빨라서 대항력이 있고, 확정일자가 을구 7의 근저당권보다 빨라서 우선변제권도 선순위이다. 그러나 배당요구신청을 하지 않았기 때문에 확정일자는 있으나 우선변제권에 의한 배당을 받을 수 없다. 따라서 등기부상 외의 권리인 주택임대차보호법상 임차인 이○○의 임차보증금 260,000,000원을 낙찰자가 인수하여야 한다.

임차인 이○○가 배당요구를 하였다면 확정일자에 의한 우선변제권으로 1순위 배당을 받아갈 수가 있다. 배당요구신청은 계약을 해지하겠다는 의사표시이므로 1순위로 전액 배당을 받아 간다면 매수인에게 주택을 인도해주어야 한다.

만약 임차인이 전액 배당을 받지 못하고 잔여 채권이 남아 있게 되는 상황이라면 잔여 채권에 대하여 매수인에게 대항력을 주장하여 그 보증금채권이 전액 회수될 때까지는 주택인도를 거절할 수 있다.

참고로 겸유권자가 배당요구를 하였다면 응찰자들은 '이 경매사건의 임차인은 배당을 전액 받아간다면 계약해지로 주택을 인도하여 줄 것이므로 낙찰자가 인수하게 되는 것은 없다'라고 간단한 분석을 하게 될 것이다.

〈입찰결과 해설〉

겸유권 임차인이 배당요구신청을 하지 않았기 때문에 낙찰자는 임차인의 보증금을 260,000,000원을 인수하여야 함에도 불구하고 2014. 1. 28에 456,487,000원의 가격으로 먼저 낙찰을 받은 자는 감정가 634,000,000원인 아파트를 임차인 이○○의 인수보증금을 합하여 716,487,000원의 가격으로 취득하게 된 셈이 되어 경매취득에 실익이 없게 되었다. 낙찰자는 인수금이 있다는 사실을 낙찰 후에 알게 되었기 때문에 대금납부를 포기하였고, 입찰보증금 32,460,800원을 몰수당하고 말았다.

이 경매사건은 재매각이 되어 다시 한 번 더 유찰되고 난 후에 2014. 5. 14에 낙찰받은 매수인은 낙찰가 303,800,000원과 인수보증금 260,000,000원을 합하여 취득가가 합계금 563,800,000원이 되는 셈인데, 감정가 634,000,000원인 아파트를 563,800,000원에 취득한 결과이니 보람 있는 입찰이 되었다.

## 02  배당요구가 없는 대항력 있는 임차인

| 서울북부지방법원 | | 2012 타경 ***** | | 서울특별시 동대문구 제기동 ○○아파트 | | |
|---|---|---|---|---|---|---|
| 물건종류 | 아파트 | 채권자 | 중○○○○ | 감정가(원) | | 480,000,000 |
| 대지권 | 43.9㎡(13.3평) | 매각대상 | 토지/건물 | 최저가(원) | | (33%) 157,286,000 |
| 전용면적 | 114.8㎡(34.7평) | 배당종기일 | 2012-07-25 | 입찰보증금(원) | | (20%) 31,458,000 |

〈임차인 현황〉

| 성립일자 | 권리자 | 권리종류(점유부분) | 권리금액(원) | 권리신고 |
|---|---|---|---|---|
| 전입 2006-03-31<br>확정일자 없음<br>배당요구 없음 | 이○○ | 주택임차인 전부 | 250,000,000 | 무 |

〈등기부 현황〉

| 구분 | 성립일자 | 권리종류 | 권리자 | 권리금액(원) | 소멸여부 |
|---|---|---|---|---|---|
| 을1 | 2009-10-23 | 근저당 | 중○○○○ | 276,000,000 | 소멸기준 |
| 을2 | 2011-03-04 | 근저당 | 중○○○○ | 60,000,000 | 소멸 |
| 갑2 | 2012-05-14 | 임의경매 | 중○○○○ | | 소멸 |

〈기일 현황〉

| 회차 | 매각기일 | 최저매각가(원) | 결과 | 비고 |
|---|---|---|---|---|
| 신건 | 2012-10-08 | 480,000,000 | 유찰 | |
| 5차 | 2013-04-15 | 196,608,000 | 낙찰 | 입찰 1명 / 낙찰가 260,800,000원 /<br>대금미납 |
| 5차 | 2013-06-24 | 196,608,000 | 낙찰 | 입찰 2명 / 낙찰가 221,500,000원 /<br>대금미납 |
| 5차 | 2013-09-02 | 196,608,000 | 유찰 | |
| 6차 | 2014-01-06 | 157,286,000 | 매각 | 입찰 1명 / 임차인 낙찰 / 낙찰가<br>160,200,000원 |

〈등기부 현황〉상 권리들은 을구 1의 2009. 10. 23 중○○○○ 근저당권을 말소기준권리로부터 전부 소멸이 된다. 그러나 등기부상 외의 권리인 주택임대차보호법상 임차인 이○○는 2006. 3. 31에 전입하여 대항력이 있다. 그러나 확정일자가 없어 우선변제권이 없고, 설령 확정일자가 있다고 하더라도 배당요구신청을 하지 않아서 배당도 받을 수가 없기 때문에 임차인 이○○의 임차보증금 250,000,000원은 낙찰자가 인수하여야 한다.

〈입찰결과 해설〉

감정가 480,000,000원인 아파트가 5회차 매각일인 2013. 4. 15에 최저매각가가 196,608,000원일 때 첫 번째로 260,800,000원에 단독 입찰로 낙찰받은 입찰자는 대항력자의 임차보증금을 인수하게 되는 사실을 모르고 입찰을 본 듯하다. 이 낙찰자는 260,800,000원의 가격으로 낙찰을 받고 잠시는 기뻐했을 것이다. 그런데 낙찰 후 뒤늦게 대항력 있는 임차인의 임차보증금 250,000,000원을 인수하여야 하는 사실을 알고 놀랐을 것이다. 결국 이 낙찰자는 대금을 납부하면 자신이 결국 감정가 480,000,000원인 아파트를 510,800,000원에 구입하게 된다는 것이 무척 속상하지만 할 수 없이 대금납부를 포기하기로 하였다.

2013. 6. 24 5회차 재매각기일에 221,500,000원의 가격으로 두 번째로 낙찰받은 입찰자도 첫 번째 낙찰자처럼 인수금을 포함하면 471,500,000원에 낙찰받은 셈이 되니 대금납부를 포기하였다.

2014. 1. 6 6회차 최저매각가 157,286,000원일 때 160,200,000원의 가격으로 세 번째로 낙찰받은 입찰자는 감정가 480,000,000원인 아파트를 인수금을 포함하여 410,200,000원에 취득한 셈이 되어 좋은 결과를 낳았다.

보통은 매각 물건이 환금성이 좋은 아파트인 경우에는 2회차 정도에서 낙찰이 되게 되는데, 이런 정도의 이력을 지니고 있는 경매사건이라면 위험한 물건인 것으로 판단될 수 있다. 이렇게 유찰이 되는 경우라면 권리분석을 더욱 더 철저히 하여야 한다. 그래서 분석해보니 이 경매사건은 대항력자의 보증금을 낙찰자가 인수하면 되는 물건이다. 결국 6회차에서 입찰자는 운이 좋게도 입찰경쟁자 없이 단독으로 낙찰을 받았으니 참 좋은 결과를 낳았다. 만약 이 물건을 임차인이 낙찰받는다면 이사를 할 필요도 없으므로 이사비용도 절약하게 된다.

대항력 있는 물건 입찰시는 시세에서 인수하게 될 보증금을 뺀 이하의 가격으로 입찰하게 된다. 이렇게 매수인이 임차인의 보증금을 인수하게 되는 경우 취득세 절세의 효과가 있게 되는 것이고, 양도시에는 경매사건의 기록을 근거하여 증빙자료(*해당 경매사건의 임차인으로서 법원에 제출된 기록 등)를 함께 제출하면 양도차익계산시 불이익도 받지 않는다.

참고로 대금미납으로 입찰보증금을 몰수당한다면 어차피 손해가 나는 것인데, 이런 경우 속이 많이 상하겠지만 대금납부를 하여야 하는지, 아니면 포기하여야 하는지 갈등이 많을 것이다. 그러나 이미 엎어진 물은 그 손해를 적게 하여야 한다.

그렇다면 위의 두 번째 낙찰자의 경우 대금납부를 포기하는 것이 맞는 것일까? 감정가 480,000,000원인 아파트를 인수금 포함하여 471,500,000원의 가격으로 구입하게 되는 셈이 된다면 입찰보증금을 떼이지 말고 잔금납부를 강행하여 취득하고 아파트가 가격이 오르게 될 때를 기다리면 손해를 보지도 않고 괜찮아 지지 않을까? 2021년 9월 현재 이 아파트시세는 11억 원 정도의 수준이다.

| 서울동부지방법원 | 2009 타경 ***** | | 서울특별시 송파구 송파동 ○○아파트 | | |
|---|---|---|---|---|---|
| 물건종류 | 아파트 | 채권자 | 원○○ | 감정가(원) | 1,100,000,000 |
| 대지권 | 53.06㎡(16평) | 매각대상 | 토지/건물 | 최저가(원) | (33%) 360,448,000 |
| 전용면적 | 126.4㎡(38.2평) | 배당종기일 | 2010-03-15 | 입찰보증금(원) | (20%) 72,090,000 |

〈임차인 현황〉

| 성립일자 | 권리자 | 권리종류(점유부분) | 권리금액(원) | 권리신고 |
|---|---|---|---|---|
| 전입 2004-06-08<br>확정일자 없음<br>배당요구 없음 | 이○○ | 주택임차인<br>전세권자의 가족 | 405,000,000 | 무 |

〈등기부 현황〉

| 구분 | 성립일자 | 권리종류 | 권리자 | 권리금액(원) | 소멸여부 |
|---|---|---|---|---|---|
| 을1 | 2004-04-28 | 전세권 | 홍○○ | 405,000,000 | 인수 |
| 갑7 | 2006-11-28 | 압류 | 송○○○○ | | 소멸기준 |
| 갑16 | 2010-01-04 | 임의경매 | 원○○ | | 소멸 |

\* 을구 1의 전세권자 홍○○은 배당요구 없음

〈기일 현황〉

| 회차 | 매각기일 | 최저매각가(원) | 결과 | 비고 |
|---|---|---|---|---|
| 신건 | 2010-08-16 | 1,100,000,000 | 유찰 | |
| 4차 | 2010-12-27 | 563,200,000 | 매각 | 입찰 1명 / 낙찰가 610,000,000원 /<br>불허가 |
| 4차 | 2011-04-04 | 563,200,000 | 유찰 | |
| 5차 | 2011-05-16 | 450,560,000 | 매각 | 입찰 4명 / 낙찰가 620,100,000 원/<br>대금미납 |
| 5차 | 2011-08-29 | 450,560,000 | 유찰 | |
| 6차 | 2011-10-24 | 360,448,000 | 매각 | 입찰 7명 / 낙찰가 427,700,000원 |

〈등기부 현황〉상 갑구 7의 2006. 11. 28 송○○○○ 압류를 말소기준권리로 하여 소멸이 되나 말소기준권리보다 선순위인 전세권은 말소가 안 되고 전세권 및 설정금액 405,000,000원을 낙찰자가 인수하여야 한다.

왜냐하면 선순위 전세권자인 홍○○은 원○○이 경매신청하였으므로 경매신청채권자가 아니고 문건 접수내역을 확인해보아도 선순위 전세권자로서 배당요구신청도 없고 전세권자의 가족인 임차인도 배당요구신청을 하지 않았기 때문에 소멸이 안 되고 낙찰자가 인수하여야 하기 때문이다.

감정가 1,100,000,000원인 아파트가 4회차 매각일인 2010. 12. 27에 최저매각가가 563,200,000원일 때 첫 번째로 610,000,000원에 단독 입찰로 낙찰받은 입찰자는 전세권을 인수한다는 사실을 알고서 입찰을 보았는지, 아니면 이의 사실을 모르고 입찰을 보았는지는 알 수가 없다. 왜냐하면 낙찰자에게는 운이 좋았던 것인지 나쁜 결과로 난 것인지를 모르겠으나 낙찰자는 법원으로부터 매각불허가를 받았고, 그 결과 입찰자는 입찰보증금만 회수하게 되었고 경매는 재진행된 후 한 번 더 유찰이 되었다.

2011. 5. 16 5회차 최저매각가 450,560,000원일 때 입찰가 620,100,000원에 두 번째로 낙찰받았으나 낙찰자는 대금납부를 포기하여 입찰보증금만 몰수당하여 손실만 보고 재매각되었고, 2011. 8. 29 재매각에서 한 번 더 유찰되었다.

이렇게 된 데에는 두 번째 낙찰자가 대금납부를 포기한 이유는 아마도 낙찰자가 전세권을 인수하게 된다는 사실을 모르고 있다가 낙찰 후 이의 사실을 알게 되었고, 감정가 1,100,000,000원인 아파트를 낙찰가 620,100,000원에 인수금 405,000,000원 합계금 1,025,100,000원으로 취득하게 된다면 크게 실익이 없다고 판단하였기 때문일 것이다.

2011. 10. 24 6회차 최저매각가 360,448,000원일 때 세 번째 낙찰자는 입찰자가 7명이나 되는 데에도 427,700,000원에 낙찰받았으므로 전세금 405,000,000원을 인수하더라도 832,700,000원에 구입한 결과가 되었으니 취득세 절세도 하고 매우 좋은 성과를 낳았다.

간혹 경매사건에서 감정평가가 현재의 시세보다 높게 평가되는 경우도 더러 있기는 하다. 그러나 환금성이 좋은 아파트의 경우의 감정가격은 현재의 시세와는 크게 차이가 없고, 역세권이 아니거나 잘 거래되지 않는 부동산은 감정가격과 시세의 차이가 있을 수 있다. 따라서 감정평가서상 감정가격은 참고만 할뿐 사회적·경제적 침체분위기나 정부정책에 따라서 가격의 변동도 정체되거나 급상승할 수도 있기 때문에 반드시 현장조사시 인근의 여러 부동산에서 수집한 실제 거래되는 가격과 임대시세 및 거래 분위기 정보 등을 종합하여 판단한 후 입찰가를 정하여야 하는데, 위의 두 번째 낙찰자는 지물건 또는 지물권을 잘 못하여 대금납부를 포기하지 않았나 싶어 많이 아쉽다. 2021년 9월 현재 이 아파트시세는 19억 원 정도의 수준이다.

| 서울북부지방법원 | | 2013 타경 ***** | | 서울특별시 도봉구 방학동 ○○아파트 | |
|---|---|---|---|---|---|
| 물건종류 | 아파트 | 채권자 | ○○○○텍 | 감정가(원) | 725,000,000 |
| 대지권 | 70.31㎡(21.2평) | 매각대상 | 토지/건물 | 최저가(원) | (51%) 371,200,000 |
| 전용면적 | 134.98㎡ (40.8평) | 배당종기일 | 2014-01-22 | 입찰보증금(원) | (10%) 37,120,000 |

〈임차인 현황〉

| 성립일자 | 권리자 | 권리종류(점유부분) | 권리금액(원) | 권리신고 |
|---|---|---|---|---|
| 전입신고 없음 확정일자 없음 배당 2014-01-16 | 박○○ | 전세권자 전부(방4칸) | 570,000,000 | 유 |

〈등기부 현황〉

| 구분 | 성립일자 | 권리종류 | 권리자 | 권리금액(원) | 소멸여부 |
|---|---|---|---|---|---|
| 을3 | 2011-07-15 | 전세권 | 박○○ | 570,000,000 | 소멸기준 |
| 갑3 | 2012-12-31 | 가압류 | 전○○○ | 255,434,033 | 소멸 |
| 갑4 | 2013-01-14 | 가압류 | ○○○○텍 | 240,000,000 | 소멸 |
| 갑9 | 2013-11-12 | 강제경매 | ○○○○텍 | | 소멸 |

* 을구 3의 전세권자 박○○은 배당요구종기일 이전인 2014. 1. 16에 배당요구신청 하였음

〈기일 현황〉

| 회차 | 매각기일 | 최저매각가(원) | 결과 | 비고 |
|---|---|---|---|---|
| 신건 | 2014-04-07 | 725,000,000 | 유찰 | |
| 2차 | 2014-05-12 | 580,000,000 | 유찰 | |
| 3차 | 2014-06-16 | 464,000,000 | 매각 | 입찰 5명 / 낙찰자 전세권자 박○○ / 낙찰가 570,000,000원 |

〈등기부 현황〉상 권리들은 을구 3의 2011. 7. 15 전세권자의 전세권을 말소기준권리로 하여 전부 소멸된다. 왜냐하면 선순위 전세권자는 문건 접수내역을 확인해보니 배당요구종기일 내에 배당요구신청을 하였기 때문이다.

또한 감정가 725,000,000원인 아파트를 2014. 6. 16 3회차 매각가 460,000,000원 일 때 전세권자가 570,000,000원에 낙찰받아 좋은 결과를 낳았다. 이런 경우 낙찰자인 전세권자는 매각결정일 전에 상계신청을 하여 법원의 허가를 받으면 경매집행비용만큼만 대금납부일에 납부하면 될 것이고, 그러면 이 낙찰자의 실제 취득가격은 570,000,000원 + 경배집행비용 약 4,000,000원이 될 것이다. 따라서 이런 경우 입찰시는 전세금에 경매비용집행비용을 포함하여 입찰하는 것이 좋을 것이다.

왜냐하면 570,000,001원~574,000,000원에 응찰한 입찰자가 있다면 낙찰을 받지 못하기 때문이다. 그래서 사소한 것 같아도 입찰을 보고자하였다면 이런 것도 알고서 챙겨야 한다.

만약 전세권자가 임차인으로서 대항력이 있는 상황에서 전세권자가 아닌 다른 입찰자가 570,000,000원에 낙찰받아 갔다면 전세권자는 전액 배당받지는 못한다. 왜냐하면 배당금은 경매신청비용 제외한 금액(*매득금)에서 받아가야 하는 것이므로 그 금액만큼을 덜 회수하기 때문이다.

참고로 전세권은 경매신청채권자이거나 배당요구신청을 하게 되면 담보형 용익물권, 즉 저당권으로 보기 때문에 이런 경우 전세권 설정액을 전액 회수하지 못하였다 하더라도 소멸이 된다.

그러나 전세권자가 임차인으로서도 선순위로 전입신고가 된 경우라면 대항력 있는 임차인이 되므로 선순위 전세권자로서 배당금으로 덜 받은 금액만큼을 전세권자가 아닌 임차인으로서의 대항력으로 그 부족분을 낙찰자에게 주장하게 될 것이므로 낙찰자는 그 얼마만큼의 금액을 인수하여야 한다.

왜냐하면 주택·상가건물임대차보호법상 임차인의 권리와 민법에서의 물권인 전세권은 완전히 별개의 권리로 보기 때문이다. 따라서 이렇게 임차인 겸 전세권자가 있을 때에는 권리분석시 임대차보호법과 물권인 전세권을 구분지어서 분석하여야 한다는 사실을 반드시 알고 있어야 한다.

# 담보지상권 권리분석

| 서울중앙지방법원 | 2011 타경 **** | | 서울특별시 서초구 방배동 *** 번지 | | |
|---|---|---|---|---|---|
| 물건종류 | 대지 | 채권자 | 에○○○ | 감정가(원) | 13,370,392,000 |
| 토지면적 | 1,646㎡(498평) | 매각대상 | 토지만 매각 | 최저가(원) | (26%) 3,504,968,000 |
| | | 배당종기일 | 2012-01-13 | 입찰보증금(원) | (10%) 350,496,000 |

〈등기부 현황〉

| 구분 | 성립일자 | 권리종류 | 권리자 | 권리금액(원) | 소멸여부 |
|---|---|---|---|---|---|
| 을9 | 2001-10-31 | 근저당 | 한○○○○ | 5,720,000,000 | 소멸기준 |
| 을10 | 2001-10-31 | 지상권 | 한○○○○ | | 소멸 |
| 을19 | 2003-12-02 | 근저당 | 김○○ | 400,000,000 | 소멸 |
| 갑42 | 2004-06-08 | 가등기 | 송○○ | | 소멸 |
| 갑47 | 2005-02-16 | 가등기 | 홍○○ | | 소멸 |
| 갑116 | 2011-10-20 | 임의경매 | 에○○○ | | 소멸 |

* 을구 9의 2001. 10. 31 근저당권 제71568호, 지상권 제71569호로 연이어서 설정, 등기부상 외로 2011. 12. 30에 승○○○의 유치권 신고서(신고액 9,606,000,000원) 제출, 지상건물(7층 빌라 1동)은 매각 제외

〈기일 현황〉

| 회차 | 매각기일 | 최저매각가(원) | 결과 | 비고 |
|---|---|---|---|---|
| 신건 | 2012-05-24 | 13,370,392,000 | 유찰 | |
| 2차 | 2012-06-28 | 10,696,314,000 | 유찰 | |
| 3차 | 2012-08-02 | 8,557,051,000 | 유찰 | |
| 4차 | 2012-09-06 | 6,845,641,000 | 유찰 | |
| 5차 | 2012-10-11 | 5,476,513,000 | 유찰 | |
| 6차 | 2012-11-15 | 4,381,210,000 | 유찰 | |
| 7차 | 2012-12-20 | 3,504,968,000 | 변경 | |
| 7차 | 2013-02-28 | 3,504,968,000 | 매각 | 입찰 5명 / 낙찰가 4,740,000,000원 |

〈등기부 현황〉상 권리들은 을구 9의 2001. 10. 31 한○○○○의 근저당권을 말소기준권리로 하여 전부 소멸된다. 그리고 한○○○○가 토지에 관하여 근저당권설정 후 지상권도 설정되었고, 근저당권(*접수번호 제71568호)에 연이어서 지상권(*접수번호 제71569호)이 설정되어 있다. 그리고 승○○○의 유치권주장 신고금액 9,606,000,000원인 유치권신고가 있으며, 토지상에 있는 건물(7층 빌라 1동)을 제외한 대지만의 매각이다.

토지만의 매각이고 승○○○의 유치권은 토지에 관한 것으로서는 유치권 주장하는 금액이 너무 과도하므로 다분히 허위 유치권으로 판단된다. 당 토지에 건물을 축조하기 위해서 땅을 파고 축대를 쌓는 비용을 주장하는 것이라면 약 96억 원 정도의 금액이 소요될 것도 아니므로 지상의 건물을 축조하는 데에 소요된 건축비일 것이라 판단된다. 그러면 이 경매사건은 건물을 포함 것도 아닌 토지만의 매각이므로 건물 축조에 투입된 공사금은 토지만의 낙찰자에게 건물 공사비 유치권을 주장할 수 없다. 따라서 이 사건에서의 유치권은 성립이 안 될 것이다.

토지상에 축조되어 있는 건물(7층 빌라 1동)을 제외한 대지만의 매각인 경우는 법정지상권이 성립 여부를 분석해보아야 하는데, 을구 10의 2001. 10. 31 한○○○○의 지상권이 설정되어 있음에도 불구하고 빌라를 축조를 하였고, 또는 토지와 건물의 소유자가 다르기 때문이기도 하는 등등의 사유로 당 사건의 건물은 법정지상권이 성립하지도 않는다. 따라서 건물은 대지인도 및 건물철거소송을 하여 해결하면 될 것이다.

참고로 담보지상권(*동일 채권자가 담보물권 설정 동시에 연이어서 지상권을 설정, 아니면 반대로 지상권 설정 후 연이어서 저당권이 후순위로 등기 되었더라도)은 담보목적물인 토지에 제3자가 용익권을 취득하거나 하여 담보가치를 하락시키는 침해행위를 배제하면서 담보목적물인 토지의 가치를 유지하기 위하여 담보물권에 연이어서 설정하는 지상권을 담보지상권이라 한다. 따라서 담보지상권은 소멸이 되는 것이고, 지상권을 먼저 설정한 후 연이어 후순위로 근저당권이 설정되어 비록 지상권이 선순위로 되어있다 하더라도 그러한 경우의 지상권도 담보지상권이므로 인수권리가 아닌 소멸권리이다.

결론적으로 이 경매사건은 권리분석을 제대로 한 훌륭한 사례 중의 하나인 것으로 판단된다.

| 서울동부지방법원 | 2001 타경 ***** | | 서울특별시 강동구 길동 *** | | |
|---|---|---|---|---|---|
| 물건종류 | 토지(대지) | 채권자 | 넥○○○○ | 감정가(원) | 3,993,120,000 |
| 토지 | 1109.2㎡(335평) | 매각대상 | 토지만 매각 | 최저가(원) | (51%) 2,044,478,000 |
| 건물 | 건물매각 제외 | 배당종기일 | | 입찰보증금(원) | (10%) 204,447,800 |

〈등기부 현황〉

| 구분 | 성립일자 | 권리종류 | 권리자 | 권리금액(원) | 소멸여부 |
|---|---|---|---|---|---|
| 을1 | 1997-02-03 | 근저당 | 넥○○○○ | 2,100,000,000 | 소멸기준 |
| 을2 | 1997-02-03 | 근저당 | 강○○ | 400,000,000 | 소멸 |
| 을3 | 1997-06-18 | 근저당 | 청○○ | 1,250,000,000 | 소멸 |
| 갑11 | 1999-05-03 | 가압류 | 이○○ | 1,000,000,000 | 소멸 |
| 갑32 | 2002-01-29 | 임의경매 | 넥○○○○ | | 소멸 |

* 이 사건 대지 위에 임시사용승인 상태로 보존등기 촉탁되고 집합건축물대장상 미등재상태인 철근콘크리트 슬래브지붕 8층 근린생활시설 및 연립주택이 있음

〈기일 현황〉

| 회차 | 매각기일 | 최저매각가(원) | 결과 | 비고 |
|---|---|---|---|---|
| 신건 | 2006-10-30 | 3,993,120,000 | 유찰 | |
| 2차 | 2006-12-04 | 3,194,496,000 | 유찰 | |
| 3차 | 2007-01-15 | 2,555,597,000 | 유찰 | |
| 4차 | 2007-06-11 | 2,044,478,000 | 매각 | 입찰 1명 / 낙찰가 2,567,777,000원 |

〈등기부 현황〉상 말소기준권리는 을구 1의 1997. 2. 3 넥○○○○의 근저당권이다. 따라서 인수하게 되는 권리는 없다. 그런데 대지 위에 임시사용승인 상태인 8층 집합건물이 있으나 건물은 매각에서 제외되고 그

토지(*대지)만 매각대상이다. 이런 경우에는 반드시 법정지상권 성립 여부를 분석하여야 한다. 따라서 이 경매사건은 법정지상권 성립 여부가 관건이다.

만약 토지만 매수하였을 때 이 건물이 법정지상권이 성립된다면 토지 매수자는 토지 사용에 많은 제한이 따르므로 큰 낭패를 보게 될 것이다.

그러면 분석해보자. 건물 폐쇄등기부까지 확인해본 결과, 넥○○○○가 1997. 2. 3에 토지 을구 1의 근저당권을 설정할 당시 기존의 구 건물이 존재할 때 건물 등기부에도 근저당권을 동시에 설정하였다. 그런 후 토지 및 건물소유자 겸 채무자는 건물을 헐고(*건물이 멸실되면 건물등기부는 폐쇄) 지금의 8층 근린생활시설 및 연립주택을 축조 후 분양하여 이미 타인들이 소유하고 거주하고 있는 상태이고, 구 건물이 멸실되자 건물등기부는 폐쇄되자 동시에 넥○○○○가 1997. 2. 3에 설정한 근저당권을 포함한 모든 권리가 폐쇄되어 버렸다.

그렇게 소멸된 근저당권은 채권자의 재산권을 위하여 구 건물을 헐고 새로 축조한 후 새로운 등기부를 편성할 때에 폐쇄된 등기부상의 권리들을 새로 회복시켜야 함에도 그렇게 하지 않고 채무자는 바로 타인들에게 분양을 해버린 것이다. 그런 이유로 채권자 넥○○○○는 이미 분양이 되어버린 타인 소유의 부동산에 대해 경매신청을 할 수 없었기 때문에 토지만 매각을 할 수밖에 없었던 것이다.

만약 토지 소유자가 8층 근린생활시설 및 연립주택을 모두 소유하고 있는 경우라면 건물 등기가 회복되지 않더라도 채권자 넥ㅇㅇㅇㅇ은 건물도 함께 일괄매각할 수 있고, 그러면 법정지상권의 문제도 없게 된다. 그런데 건물은 이미 타인에게 분양을 해버렸기 때문에 채권자는 토지와 건물을 일괄매각시킬 수가 없었기 때문에 토지와 건물이 각기 달라질 운명에 처하게 되었다. 이런 경우 법정지상권이 성립되지 않는다 (대판 2003. 12. 18 선고 98다43601).

따라서 법정지상권 성립되지 않는 건물은 토지 매수인에게 대항할 수 없기 때문에 억울하지만 철거를 당할 수밖에 없다. 법정지상권 성립이 안 되는 건물이 있는 토지를 매수한 후 건물소유자를 상대로 소송을 하여 건물을 철거시키고 토지를 인도받으면 그 토지의 가치는 매우 높이 상승하게 될 것이고, 또한 건물소유자가 철거당하지 않으려면 그 토지를 매입할 수밖에 없는데, 이때 토지소유자는 매우 높은 가격을 제시할 것이다. 왜냐하면 토지소유자는 법정지상권 성립이 없는 건물소유자에 대하여 매우 막강한 권리행사를 할 것이기 때문이다.

# 지역권 권리분석

| 의정부지방법원 | | 2016 타경 ***** | | 경기도 남양주시 수동면 외방리 *** | | |
|---|---|---|---|---|---|---|
| 물건종류 | 토지(대지) | 채권자 | 부○○○○ | 감정가(원) | | 1,331,550,000 |
| 토지 | 4,950㎡(1,497평) | 매각대상 | 토지 | 최저가(원) | | (49%) 932,085,000 |
| 건물 | 없음 | 배당종기일 | 2016-10-10 | 입찰보증금(원) | | (10%) 93,209,000 |

〈등기부 현황〉

| 구분 | 성립일자 | 권리종류 | 권리자 | 권리금액(원) | 소멸여부 |
|---|---|---|---|---|---|
| 을1 | 1988-09-06 | 요역지 지역권 | 통행 목적 | | 인수 |
| 갑3 | 2015-02-12 | 소유권 | 박○○ | | |
| 을4 | 2015-02-12 | 근저당 | 부○○○○ | 924,000,000 | 소멸기준 |
| 갑4 | 2015-03-03 | 가등기 | 손○○ | | 소멸 |
| 을5 | 2015-07-16 | 근저당 | 손○○ | 400,000,000 | 소멸 |
| 갑5 | 2016-07-25 | 임의경매 | 부○○○○ | | 소멸 |

〈기일 현황〉

| 회차 | 매각기일 | 최저매각가(원) | 결과 | 비고 |
|---|---|---|---|---|
| 신건 | 2016-12-20 | 1,331,550,000 | 유찰 | |
| 2차 | 2017-01-24 | 932,085,000 | 유찰 | |
| 3차 | 2017-02-28 | 652,460,000 | 매각 | 입찰 3명 / 낙찰가 802,000,000원 |

〈등기부 현황〉상 말소기준권리는 을구 4의 2015. 2. 12 부○○○○의 근저당권이 말소기준권리이고, 말소기준권리보다 선순위 등기인 지역권은 인수한다.

요역지 지역권은 타인 토지의 도움을 필요로 하는 토지이고, 그 요역지에 도움을 주겠다고 하는 토지는 승역지(*承은 도우다의 뜻)가 된다. 따라서 도움을 받는 요역지의 지역권이 인수권리가 되면 유리한 것이다.

이 경매사건의 경우 요역지 지역권이 있는 물건이 매각에 나온 것이고, 낙찰자가 인수하는 것이 좋은 것이다. 왜냐하면 요역지 지역권이 소멸되면 승역지의 도움을 받을 권리가 없게 되는 것이므로 통행에 불편이 따를 것이기 때문이다.

반대로 승역지가 매각에 나오면 인수되는 것보다 소멸되는 것이 좋을 것이다. 왜냐하면 승역지 소유자는 더 이상 자신의 토지를 요역지에 도움을 제공하지 않아도 되기 때문이다.

| 창원지방법원 | | 2012 타경 ***** | | 경남 김해시 봉황동　○○아파트 | | |
|---|---|---|---|---|---|---|
| 물건종류 | 아파트 | 채권자 | 이○○ | 감정가(원) | | 75,000,000 |
| 대지권 | 대지권미등기 | 매각대상 | 토지/건물 | 최저가(원) | | (80%) 60,000,000 |
| 전용면적 | 59.13㎡(17.8평) | 배당종기일 | 2013-02-14 | 입찰보증금(원) | | (10%) 6,000,000 |

〈등기부 현황〉

| 구분 | 성립일자 | 권리종류 | 권리자 | 권리금액(원) | 소멸여부 |
|---|---|---|---|---|---|
| 갑15 | 2012-09-18 | 소유권이전<br>청구권가등기 | 이◇◇ | | 인수 |
| 갑17 | 2012-11-20 | 강제경매 | 이○○ | 100,620,000 | 소멸 |

* 갑구 15의 소유권이전청구권가등기권리자인 이◇◇은 배당요구종기일이 지난 이후인 2013. 9. 2에 배당요구

〈기일 현황〉

| 회차 | 매각기일 | 최저매각가(원) | 결과 | 비고 |
|---|---|---|---|---|
| 신건 | 2013-06-04 | 75,000,000 | 유찰 | |
| 2차 | 2013-07-09 | 60,000,000 | 매각 | 입찰 1명 / 낙찰가 80,000,000원 |

〈등기부 현황〉상 권리에서 갑구 17의 2012. 11. 20 이○○의 강제경매개시등기가 말소기준권리가 되어 소멸한다. 그러나 선순위 소유권이전청구권가등기권자가 경매신청을 하였거나 배당요구종기일까지 배당요구신청을 하지 않았기 때문에 선순위 소유권이전청구권가등기는 낙찰자가 인수하여야 하므로 위험한 물건이다.

선순위 소유권이전청구권가등기권자가 경매신청을 아니하였거나 배당요구종기일까지 채권신고를 하지 아니한 경우 인수권리가 되어 낙찰자가 인수하여야 한다.

왜냐하면 배당요구종기일이 지나서 소유권이전청구권가등기권자가 배당요구신청을 하였다면 매각대금에서 배당을 줄 수가 없기 때문에 그 등기는 소멸되지 않고 낙찰자가 인수하기 때문이다.

만약 이런 소유권이전청구권가등기를 인수한 낙찰자는 가등기권자의 채권을 부담해주고 등기가 말소되도록 하여야 할 것이다. 입찰 전에 가등기권자가 소유권이전청구할 의사가 있는지, 그런 의사가 없다면 가등기권자의 채권액이 얼마나 되는지를 알고 입찰을 보았으면 좋았을 것으로 판단된다.

참고로 소유권이전청구권가등기권자가는 경매신청을 하거나 배당요구를 하는 경우에는 그 가등기를 소유권이전담보가등기로 보기 때문에 결과적으로는 저당권과 같아서 말소기준권리가 될 수 있는 것이다.

따라서 소유권이전청구권가등기권자가 배당요구종기일까지 배당요구를 한다면 말소기준권리가 되고, 이런 경우의 소유권이전청구권가등기권자는 채권액을 배당으로 전액회수하지 못하였다 하더라도 소멸이 되는 것이므로 낙찰자가 인수하여야 하는 것은 아니다.

만약 선순위 소유권이전청구권가등기가 있는 사건이 매각에 나오면 반드시 법원의 문건 접수내역에서 1순위인 소유권이전청구권가등기권자가 채권신고(*배당요구신청)를 하였는지의 여부를 확인한 후 입찰을 결정하여야 할 것이다.

그리고 소유권이전담보가등기(*말소기준이 되는 권리가 됨)와 말소기준권리보다 후순위인 소유권이전청구권가등기는 저당권으로 보게 되는 것이므로 낙찰자가 인수하여야 하는 권리가 아니다.

---

### 가등기담보등에 관한 법률 제16조 강제경매 등에 관한 특칙

① 법원은 소유권의 이전에 관한 가등기가 되어 있는 부동산에 대한 강제경매 등의 개시결정이 있는 경우에는 가등기권리자에게 다음 각 호의 구분에 따른 사항을 법원에 신고하도록 적당한 기간을 정하여 최고하여야 한다.

  1. 해당 가등기가 담보가등기인 경우 : 그 내용과 채권(*이자나 그 밖의 부수채권을 포함한다)의 존부·원인 및 금액

  2. 해당 가등기가 담보가등기가 아닌 경우 : 해당 내용

② 압류등기 전에 이루어진 담보가등기권리가 매각에 의하여 소멸되면 제1항의 채권신고를 한 경우에만 그 채권자는 매각대금을 배당받거나 변제금을 받을 수 있다. 이 경우 그 담보가등기의 말소에 관하여는 매수인이 인수하지 아니한 부동산의 부담에 관한 기입을 말소하는 등기의 촉탁에 관한 「민사집행법」 제144조제1항제2호를 준용한다.

③ 소유권의 이전에 관한 가등기권리자는 강제경매 등 절차의 이해관계인으로 본다.

---

| 청주지방법원 영동지원 | | 2019 타경 **** | | 충청북도 영동군 영동읍 설계리 ○○아파트 | |
|---|---|---|---|---|---|
| 물건종류 | 아파트 | 채권자 | 국○○○ | 감정가(원) | 24,000,000 |
| 대지권 | 76.1㎡(23평) | 매각대상 | 토지/건물 | 최저가(원) | (80%) 9,830,000 |
| 전용면적 | 37.15㎡(11.2평) | 배당종기일 | 2019-10-01 | 입찰보증금(원) | (10%) 983,000 |

〈등기부 현황〉

| 구분 | 성립일자 | 권리종류 | 권리자 | 권리금액(원) | 소멸여부 |
|---|---|---|---|---|---|
| 을1 | 1995-06-02 | 근저당 | 국○○○ | 117,600,000 | 소멸기준 |
| 갑2 | 1995-06-02 | 가등기 | 중○○○○ | | 소멸 |
| 을2 | 1996-02-01 | 근저당 | 지○○ | 40,000,000 | 소멸 |
| 갑4 | 1996-10-09 | 압류 | 근○○○○ | | 소멸 |
| 갑6 | 2019-07-03 | 임의경매 | 국○○○ | | 소멸 |

\* 갑구 2의 소유권이전청구권가등기권자인 중○○○○은 문건 접수내역상 배당요구종기일 이내
인 2019. 7. 15에 채권계산서 제출하였음

〈기일 현황〉

| 회차 | 매각기일 | 최저매각가(원) | 결과 | 비고 |
|---|---|---|---|---|
| 신건 | 2020-05-12 | 24,000,000 | 유찰 | |
| 2차 | 2020-06-16 | 19,200,000 | 매각 | 입찰 1명 / 낙찰가 19,200,000원 |
| 2차 | 2020-08-25 | 19,200,000 | 변경 | |
| 2차 | 2020-10-06 | 19,200,000 | 유찰 | |
| 3차 | 2020-11-10 | 15,350,000 | 유찰 | |
| 4차 | 2020-12-15 | 12,288,000 | 유찰 | |
| 5차 | 2021-01-19 | 9,830,000 | 매각 | 입찰 1명 / 낙찰가 10,245,100원 |

〈등기부 현황〉상 권리에서 을구 1의 1995. 6. 2 국○○○의 근저당권이
말소기준권리가 된다. 따라서 인수권리는 없으므로 권리분석상 안전한

경매사건이다.

그래서 이 경매사건으로 하나 더 공부를 하여보자.

만약 을구 1의 1995. 6. 2 국○○○의 근저당권이 말소되어 있는 상태이고, 을구 2의 1995. 6. 2 중○○○○의 수유권이전청구권가등기가 선순위라고 가정해보자.

그러면 을구 2의 1996. 2. 1 지○○의 근저당권이 말소기준권리가 되고, 중○○○○의 소유권이전청구권가등기는 인수권리가 될 것이다.

이때 응찰자는 반드시 선순위 소유권이전청구권가등기권자가 경매신청채권자인지, 아니면 채권계산서를 제출(*배당요구신청)한 소유권이전청구권가등기권자인지를 〈문건 접수내역〉에서 확인해보아야 한다.

그렇게 이 경매사건의 문건 접수내역을 확인해보니 소유권이전청구권가등기권자인 중○○○○가 배당요구종기일 이내인 2019. 7. 15에 채권계산서를 제출하였다. 따라서 경매신청을 하거나 배당요구신청을 한 경우의 소유권이전청구권가등기는 소유권이전담보가등기인 것이므로 말소기준권리가 되는 것이다.

그러므로 당 경매사건처럼 소유권이전청구권가등기권자가 배당요구종기일까지 채권계산서를 제출하였다면 이 가등기는 소유권이전담보가등기인 것이고, 그러면 의자왕이 되어 말소기준권리가 될 것이다. 그러

면 인수권리가 없게 되는 것이므로 부담 없이 편하게 입찰을 볼 수 있

을 것이다.

# 10

# 제척기간이 도과된 소유권이전청구권가등기

| 광주지방법원 | | 2007 타경 ***** | | 광주광역시 남구 월산동 ○○아파트 | | |
|---|---|---|---|---|---|---|
| 물건종류 | 아파트 | 채권자 | 신○○○○ | 감정가(원) | | 27,000,000 |
| 대지권 | 28.85㎡(8.73평) | 매각대상 | 토지/건물 | 최저가(원) | | (45%) 12,096,000 |
| 전용면적 | 44.52㎡(13.4평) | 배당종기일 | 2007-09-17 | 입찰보증금(원) | | (10%) 1,209,600 |

〈등기부 현황〉

| 구분 | 성립일자 | 권리종류 | 권리자 | 권리금액(원) | 소멸여부 |
|---|---|---|---|---|---|
| 갑1 | 1987-12-28 | 소유권 | 위○○ | | |
| 갑2 | 1992-07-29 | 가등기 | 박○○ | | 인수 |
| 갑3 | 1992-08-19 | 가압류 | 신○○○○ | | 소멸기준 |
| 갑4 | 1993-08-13 | 압류 | 강○ | | 소멸 |
| 갑5 | 2007-05-25 | 강제경매 | 신○○○○ | 100,000,000 | 소멸 |

* 갑구 2의 소유권이전청구권가등기권자인 박○○은 문건 접수내역상 배당요구신청(*채권계산서 제출)이 없다.

〈기일 현황〉

| 신건 | 매각기일 | 최저매각가(원) | 결과 | 비고 |
|---|---|---|---|---|
| 신건 | 2007-12-07 | 27,000,000 | 유찰 | |
| 1차 | 2008-01-25 | 18,900,000 | 유찰 | |
| 2차 | 2008-03-07 | 15,120,000 | 유찰 | |
| 3차 | 2008-04-18 | 12,096,000 | 매각 | 입찰 5명 / 낙찰가 16,130,000원 |

〈등기부 현황〉상 권리에서 갑구 3의 1992. 8. 19 신○○○○의 가압류가 말소기준권리가 되고, 소유권이전청구권가등기권자는 경매신청채권자도 아니고, 문건 접수내역을 확인해도 채권계산서 제출도 없어 낙찰자가 인수하여야 하는 위험한 물건이다.

그런데 입찰을 보고 최고가 매수신고인이 된 다음 약 1개월 정도 후에 잔금을 납부하여 취득하게 될 그때를 예상하여 인수하게 될 소유권이전청구권가등기가 제척기간 10년이 도과하게 되는 것이라면 입찰을 고려해 볼 수 있다.

왜냐하면 소유권이전청구권가등기를 설정한 후 10년이 지나도록 본등기를 하지 않으면 소유권이전등기청구권리가 소멸된다. 어떤 종류의 권리에 대해 법률상으로 정하여진 존속기간을 제척기간이라 하는데, 소유권이전청구권가등기가 10년의 기간이 경과하도록 그 권리를 행사하지 않으면 제척기간에 따라 그 권리가 소멸되는 것이기 때문에 취득해도 소유권을 빼앗길 염려가 없게 된다.

그러나 입찰을 보아 취득하면 선순위 소유권이전청구권가등기가 바로 말소가 되는 것은 아니고, 그 소유권이전청구권가등기는 일단은 인수한 후 말소의 소를 구하여 말소하면 되는 것이다.

참고로 이 점에서 중요한 한 가지가 있다. 등기부 접수일자의 계산으로는 제척기간이 도과한 것일 수 있으나 제척기간 내에 소유권이전청구권가등기권자가 언제부터인가 점유를 하고 있었다면 그 점유는 소멸시효 중단의 역할을 하는 것이므로 소유권이전청구권가등기권자의 점유 사실도 탐문 등을 통하여 확인해보아야 하는데, 점유한 사실도 없다면 낙찰 후 말소의 소를 구하여 말소하면 될 것이므로 취득에 안전한 경매사건이 될 것이다.

# 11

## 경매신청 또는 배당요구가 없는 선순위 가처분

| 서울남부지방법원 | 2011 타경 ***** | | 서울특별시 영등포구 도림동 ○○아파텔 | | |
|---|---|---|---|---|---|
| 물건종류 | 오피스텔 | 채권자 | 김○○ | 감정가(원) | 175,000,000 |
| 대지권 | 12.17㎡(3.6평) | 매각대상 | 토지/건물 | 최저가(원) | (80%) 140,000,000 |
| 전용면적 | 45.36㎡(13.7평) | 배당종기일 | 2011-08-10 | 입찰보증금(원) | (10%) 14,000,000 |

〈임차인 현황〉

| 성립일자 | 권리자 | 권리종류(점유부분) | 권리금액(원) | 권리신고 |
|---|---|---|---|---|
| 전입 2008-12-17<br>확정 2009-04-08<br>배당 2011-07-26 | 김○○ | 주택임차인<br>전부 | 120,000,000 | 유 |

〈등기부 현황〉

| 구분 | 성립일자 | 권리종류 | 권리자 | 권리금액(원) | 소멸여부 |
|---|---|---|---|---|---|
| 갑3 | 2009-10-23 | 가처분 | 이○○ | | 인수 |
| 을3 | 2009-11-03 | 근저당 | 김○○ | 120,000,000 | 소멸기준 |
| 갑4 | 2011-05-31 | 강제경매 | 김○○ | | 소멸 |
| 을4 | 2011-07-04 | 임차권등기 | 김○○ | 120,000,000 | 소멸 |

* 갑구 3의 가처분권자 이○○은 배당요구신청이 없다.

〈기일 현황〉

| 회차 | 매각기일 | 최저매각가(원) | 결과 | 비고 |
|---|---|---|---|---|
| 신건 | 2011-10-18 | 175,000,000 | 유찰 | |
| 2차 | 2011-11-21 | 140,000,000 | 매각 | 입찰 1명 / 낙찰가 146,110,000원 |

〈등기부 현황〉상 1순위로 갑구 3의 2009. 10. 23 이○○의 가처분등기
가 있으나 이들 권리는 말소기준권리가 되지 못하고, 말소기준권리는

을구 3의 2009. 11. 3 김○○의 근저당권이다. 그리고 임차권등기한 임차인 김○○는 대항력도 있고 우선변제권도 빠른 겸유권자이다.

## 임차권등기와 관련한 분석

을구 4의 임차권등기는 임차인 김○○가 2008. 12. 17에 주민등록하고 확정일자를 2009. 4. 8에 받아두었다가 계약만료가 되어도 보증금을 반환받지 못하여 경료한 등기이다.

그리고 임차보증금을 강제적으로라도 반환받기 위하여 임차권반환소송에서 확정판결을 받고 강제경매경매신청(*경매개시결정 2011. 5. 31)을 하였으며, 겸유권자이므로 낙찰가 146,110,000원에서 1순위로 전액 배당을 받아가므로 문제가 안 된다.

참고로 경매개시결정등기 전에 임차권등기를 한 경우의 임차인은 '권리신고 및 배당요구'를 하지 않더라도 배당요구신청을 한 것으로 본다.

그러나 경매개시결정등기 후에 임차권등기를 한 임차인이 배당요구신청을 하지 않으면 법원에서는 임차인에 대한 내용을 알지 못하기 때문에 배당을 해주지 않을 것이다. 그러므로 경매개시결정등기 후 임차권등기를 한 임차인은 반드시 배당요구종기일까지 배당요구신청을 하여야 한다.

## 선순위 가처분등기와 관련한 분석

선순위 가처분권자가 경매신청을 하거나 타인의 경매신청사건에서 배당요구종기일까지 배당요구신청을 하였다면 배당을 받아가든 못 받아가든 소멸될 것이다.

그러나 이 경매사건에서는 가처분등기가 말소기준권리보다 선순위로 있다면 소멸이 안 되고 낙찰자가 인수하여야한다. 왜냐하면 가처분권자 이○○는 이 경매사건의 경매신청채권자가 아니면서 배당요구신청도 없기 때문이다.

따라서 이 경매사건은 인수하게 되는 선순위 가처분 때문에 입찰하기에는 부담이 된다. 그 이유는 인수되는 가처분등기가 3년이 경과하지 않았으므로 가처분취소의 소를 구할 수 없기 때문이다.

이런 경우에는 입찰을 보기 전에 가처분권자와 해지합의 가능성에 대하여 그 해결점을 찾아 두어야 한다. 그리고 만약 가처분등기가 낙찰 후 뒤늦게 인수되는 사실을 알게 되었다면 대금납부를 포기하거나 그렇지 않으면 가처분권자를 만나서 가처분 해지에 따른 합의를 할 수 있도록 하여야 한다.

아니면 가처분취소를 할 수 있도록 가처분집행 후 3년이 지나가기를 기다려야 하든지 하여야 할 것이다. 그러나 소유권말소를 위한 가처분등기는 소송에서 가처분권자가 승소한다면 낙찰자는 낭패를 볼 것이므로 위험하게 될 것이다.

따라서 가처분 집행 후 3년이 경과하지 않은 선순위 가처분이 있다면 가처분의 피보전권리를 잘 분석한 후 입찰에 응하여야 할 것이다.

# 소멸되지 않는 후순위 가처분

## 피보전권리가 대지인도 및 건물철거청구권인 후순위 가처분등기

| 서울북부지방법원 | 2007 타경 **** | | 서울특별시 노원구 공릉동 ○○빌라 | | |
|---|---|---|---|---|---|
| 물건종류 | 다세대(빌라) | 채권자 | 권○○ | 감정가(원) | 70,000,000 |
| 대지권 | 대지권매각제외 | 매각대상 | 건물만 매각 | 최저가(원) | (51%) 35,840,000 |
| 전용면적 | 58.32㎡(17.6평) | 배당종기일 | 2007-05-14 | 입찰보증금(원) | (10%) 3,584,000 |

〈등기부 현황〉

| 구분 | 성립일자 | 권리종류 | 권리자 | 권리금액(원) | 소멸여부 |
|---|---|---|---|---|---|
| 을1 | 1996-07-31 | 근저당 | 권○○ | 30,000,000 | 소멸기준 |
| 갑8 | 2000-03-16 | 소유권 | 공○○ | | |
| 갑13 | 2007-01-19 | 가처분 | ○○자산관리 | | 인수 |
| 갑14 | 2007-02-02 | 임의경매 | 권○○ | | 소멸 |

\* 갑구 13의 가처분등기의 피보전권리는 건물철거 및 토지인도 청구권이다.

〈기일 현황〉

| 회차 | 매각기일 | 최저매각가(원) | 결과 | 비고 |
|---|---|---|---|---|
| 신건 | 2007-07-02 | 70,000,000 | 유찰 | |
| 2차 | 2007-08-14 | 56,000,000 | 유찰 | |
| 3차 | 2007-09-03 | 44,800,000 | 유찰 | |
| 4차 | 2007-10-08 | 35,840,000 | 매각 | 입찰 5명 / 낙찰가 43,280,000원 |

〈등기부 현황〉상 1순위로 을구 1의 1996. 7. 31 권○○의 근저당권이 말소기준권리이다. 그러나 후순위로 가처분등기가 있는 경우 건물만의 매각이라면 후순위 가처분등기라 하더라도 소멸되지 않는 후순위 가처

분인지를 분석한 후 입찰에 응하여야 할 것이다.

후순위 가처분등기는 원칙적으로 소멸되는 것이지만 건물만의 매각사건에서 토지소유자가 건물소유자를 상대로 토지인도 및 건물철거청구권을 피보전권리로 하는 가처분등기가 되어 있다면 비록 후순위 가처분등기라 하더라도 소멸되지 않는다.

이 경매사건은 건물만의 매각이고, 말소기준권리인 권○○의 근저당권보다 후순위로 건물철거 및 토지인도청구권을 피보전권리로 한 가처분등기가 있다. 이는 소멸되지 않고 낙찰자가 인수하여야 한다. 왜냐하면 토지소유자는 건물소유권이 전전 양도된다 하더라도 전득자(*새로운 소유자)에게도 그 가처분의 피보전권리를 주장하여야 하기 때문이다. 그래서 후순위라도 말소가 안 되는 가처분등기는 위험한 것이다.

## 피담보채권이 없는 근저당권의 후순위 가처분등기

매우 드문 경우이지만 피담보채권이 없는 근저당권보다 후순위 가처분등기가 있는 경우라면 후순위 가처분등기라도 소멸되지 않고 인수하여야 한다. 따라서 후순위 가처분등기에 앞서 선순위로 근저당권이 있게되면 그 근저당권의 피담보채권의 유무를 확인해보아야 한다.

## 피담보채권이 없는 근저당권

강제경매의 개시 당시 근저당권이 이미 소멸하였으나 형식상 등기만이 남아 있는데 그보다 후순위라는 이유로 강제경매개시결정 이전에 경료된 가처분기입등기가 집행법원의 촉탁에 의하여 말소된 경우, 그 말소등기의 효력(대판 98. 10. 27 선고 97다26104, 26111 [2])

강제경매의 개시 당시 이미 소멸하였음에도 형식상 등기만이 남아 있을 뿐이었던 근저당권보다 후순위라는 이유로 집행법원의 촉탁에 의하여 이루어진 가처분 기입등기의 말소등기는 원인무효이고, 가처분채권자는 그 말소등기에도 불구하고 여전히 가처분채권자로서의 권리를 가진다.

# 13 선순위라도 소멸시킬 수 있는 가처분등기

| 대구지방법원 | | 2016 타경 ***** | | 대구광역시 수성구 두산동 ○○아파트 | | |
|---|---|---|---|---|---|---|
| 물건종류 | 아파트 | 채권자 | 조○○ | 감정가(원) | | 700,000,000 |
| 대지권 | 18m²(5.42평) | 매각대상 | 토지/건물 | 최저가(원) | | (70%) 490,000,000 |
| 전용면적 | 110.6m²(33.5평) | 배당종기일 | 2016-08-12 | 입찰보증금(원) | | (10%) 49,000,000 |

〈등기부 현황〉

| 구분 | 성립일자 | 권리종류 | 권리자 | 권리금액(원) | 소멸여부 |
|---|---|---|---|---|---|
| 갑2 | 2011-11-11 | 소유권 | 조○○ | | |
| 갑4 | 2012-06-12 | 가처분 | 김○○ | | 인수 |
| 갑5 | 2015-05-12 | 가압류 | 조○○ | 374,910,000 | 소멸기준 |
| 갑6 | 2016-03-04 | 가압류 | 장○○ | 89,442,715 | 소멸 |
| 갑7 | 2016-06-02 | 강제경매 | 조○○ | | 소멸 |

〈기일 현황〉

| 회차 | 매각기일 | 최저매각가(원) | 결과 | 비고 |
|---|---|---|---|---|
| 신건 | 2016-11-03 | 700,000,000 | 유찰 | |
| 2회 | 2016-12-06 | 490,000,000 | 변경 | |
| 신건 | 2017-02-07 | 700,000,000 | 유찰 | |
| | 2017-0307 | 490,000,000 | 매각 | 입찰 18명 / 낙찰가 653,789,100원 |

〈등기부 현황〉상 갑구 5의 2015. 5. 12 조○○의 가압류가 말소기준권리이다. 그러므로 선순위 가처분등기는 인수하여야 하므로 위험한 것으로 판단될 것이다.

그러나 보전처분집행(*가압류·가처분 등기) 후 3년간 본안의 소를 제기하지 아니하면 취소의 요건이 완성되고, 가처분등기 후 3년이 지난 후에 본안의 소를 제기한 경우라도 마찬가지이다.

따라서 이 경매사건은 취득 후 일단은 인수하고, 인수한 후에 가처분의 취소(*민사집행법 제307조)의 소를 제기하여 판결을 득하여 말소를 하면 되므로 위험한 것은 아니다. 단, 집행증서를 취득하였음을 이유로 가처분집행 후 3년 내에 본안의 소를 따로 제기하지 아니한 경우에는 취소사유에 해당하지 않는다.

# 14 유치권 분석

| 서울중앙지방법원 | | 2011 타경 ***** | | 서울특별시 강남구 논현동 *** | |
|---|---|---|---|---|---|
| 물건종류 | 근린시설 | 채권자 | 박○○ | 감정가(원) | 7,434,240,000 |
| 대지권 | 323㎡(97.7평) | 매각대상 | 토지/건물 | 최저가(원) | (80%) 5,947,392,000 |
| 전용면적 | 1109㎡(335평) | 배당종기일 | 2011-10-31 | 입찰보증금(원) | (10%) 594,739,200 |

〈임차인 현황〉

| 성립일자 | 권리자 | 권리종류(점유부분) | 권리금액(원) | 권리신고 |
|---|---|---|---|---|
| 말소기준보다 후순위인 임차인 15건 | 임차인 15건 | 임차인 | 281,500,000 | 유 |

〈등기부 현황〉

| 구분 | 성립일자 | 권리종류 | 권리자 | 권리금액(원) | 소멸여부 |
|---|---|---|---|---|---|
| 을2 | 2010-10-04 | 근저당 | 중○○○○ | 5,640,000,000 | 소멸기준 |
| 을4 | 2011-03-08 | 근저당 | 현○○○○ | 1,900,000,000 | 소멸 |
| 을5 | 2011-03-31 | 임차권 | 사○○○ | 200,000,000 | 소멸 |
| 갑8 | 2011-06-22 | 압류 | 강○○○○ | | 소멸 |
| 갑14 | 2011-10-04 | 임의경매 | 중○○○○ | | 소멸 |

\* 유치권신고 2건 신고금액 총 1,426,700,000원 중 1건 320,100,000원은 대한 유치권자는 유치권 포기서 제출된 상태이고, 15건의 임차인이 있으나 대항력 있는 임차인은 없으며, 임차인 15명의 보증금은 총 281,500,000원, 월세는 총 29,130,000원인 상황이다.

〈기일 현황〉

| 회차 | 매각기일 | 최저매각가(원) | 결과 | 비고 |
|---|---|---|---|---|
| 신건 | 2012-01-11 | 7,434,240,000 | 유찰 | |
| 2차 | 2012-02-15 | 5,947,392,000 | 매각 | 입찰 1명 / 낙찰가 6,423,230,000원 |

〈토지 및 건물 등기부 현황〉상 말소기준권리는 을구 2의 2010. 10. 4 중○○○○의 근저당권이 말소기준권리이고, 등기부 외의 권리인 상가건물임대차보호법상 임차인 15명이나 있어도 대항력 있는 임차인이 아무도 없다. 그러나 유치권의 성립을 알 수 없는 2건의 유치권이 있다. 이 유치권이 성립한다면 낭패를 볼 수도 있다.

A업체는 신축 및 리모델링, 인테리어 공사대금으로 1,106,600,000원을, B업체는 인테리어 공사대금으로 320,100,000원의 금액으로 유치권을 주장하고 있다.

그런 중에 B업체는 법원에 유치권포기서가 제출하였기에 B업체의 유치권 주장에 대해서는 이제 신경을 쓸 필요 없다.

이제, 건물을 점유하면서 유치권을 주장하는 A업체의 유치권만 성립여부만 점검하고 해결하면 아무 문제가 아닐 것이다. 그래서 입찰자는 그 건물 내에 있는 임차인들을 통하여 탐문조사를 해보아야 하고, 운이 좋으면 의외로 많은 정보를 취득할 수 있다. 아마도 낙찰자는 A업체의 유치권이 허위라는 것을 알아낼 수 있었기에 낙찰을 본 것으로 판단되고 훌륭한 재테크를 했으리라 본다.

이렇게 탐문을 하거나 정보를 잘 취합하여 유치권성립조건에 부합하는지를 잘 따져보고 판단하여 허위 유치권에 속아서는 안 될 것이고, 그렇게 하지 못한 때에는 많은 시간과 금전적 손실을 볼 수 있기 때문에 매우 조심하여야 한다.

이 경매사건은 결국 유치권 주장자의 유치권이 허위임을 밝혀서 명도에 약 2개월은 소요되었지만 이사비용만 조금 지불하고 깨끗이 명도받고 종료하였다.

참고로 낙찰 후 유치권의 문제를 해결하려면 예측하지 못한 피해를 볼 수 있다. 따라서 입찰할 물건에 유치권이 주장되어 있는 경우라면 반드시 입찰 전에 유치권을 깰 수 있는 근거를 확보한 후 입찰을 보아야 낭패를 보지 않을 것이고, 낙찰 후에 갑작스런 유치권 주장자가 나올 경우도 있으므로 경매입찰에는 항상 신중에 신중을 기할 필요가 있다.

| 의정부지방법원 고양지원 | 2006 타경 **** | | 경기도 파주시 교하읍 신촌리 *** | | |
|---|---|---|---|---|---|
| 물건종류 | 잡종지 | 채권자 | 권○○ | 감정가(원) | 2,893,632,000 |
| 토지면적 | 13779.2m² (약4168.1평) | 매각대상 | 토지만 매각 | 최저가(원) | (80%) 2,314,906,000 |
| | | 배당종기일 | 2006-07-05 | 입찰보증금(원) | (10%) 231,491,000 |

〈등기부 현황〉

| 구분 | 성립일자 | 권리종류 | 권리자 | 권리금액(원) | 소멸여부 |
|---|---|---|---|---|---|
| 갑1 | 1994-04-11 | 소유권 | 한국○○○○ | | |
| 갑2 | 2005-07-13 | 소유권 | ○○산업 | | |
| 갑2-1 | 2005-07-13 | 환매특약 부기등기 | 환매권자 한국○○○○ | 환매대금 1,061,000,000 | 인수 |
| 을1 | 2005-07-13 | 근저당 | 권○○ | 1,500,000,000 | 소멸기준 |
| 갑3 | 2006-01-06 | 압류 | 파주시 | | 소멸 |
| 갑5 | 2006-04-07 | 임의경매 | 권○○ | | 소멸 |

\* 갑구 2-1의 환매특약등기의 환매기간은 2010. 7. 12까지이고, 환매특약등기의 접수번호가 제58871호이고, 근저당권의 접수번호는 제58872호

〈기일 현황〉

| 회차 | 매각기일 | 최저매각가(원) | 결과 | 비고 |
|---|---|---|---|---|
| 신건 | 2007-02-27 | 2,893,632,000 | 변경 | |
| 신건 | 2007-03-28 | 2,893,632,000 | 유찰 | |
| 2차 | 2007-04-25 | 2,314,906,000 | 변경 | |
| 2차 | 2007-05-23 | 2,314,906,000 | 매각 | 입찰 3명 / 낙찰가 2,912,000,000원 |

〈등기부 현황〉상 말소기준권리는 을구 1의 2005. 7. 13 권○○의 근저당권이 말소기준권리이므로 갑구 2-1의 2005. 7. 13 한국○○○○의 환

매특약등기가 선순위가 된다. 왜냐하면 환매특약등기는 접수번호가 제58871호이고, 근저당권은 제58872호이기 때문이다.

따라서 이 경매사건의 환매특약등기는 인수권리가 되면서 환매기간(*2010. 7. 12까지)도 낙찰자가 소유권을 이전할 때까지는 기간이 남아 있을 상황에 있기 때문에 매수하기에는 매우 위험한 물건이다.

왜냐하면 낙찰자는 2,912,000,000원에 낙찰받았는데 환매권자는 1,061,000,000원이라는 환매대금만 지불하면 환매기간 내에 환매를 해갈 수 있기 때문에 낙찰자는 매우 큰 낭패를 볼 것이다. 그런데 낙찰자는 다행히도 이 경매사건이 어떤 사유가 있었는지는 알 수 없으나 매각대금납부 전에 경매사건이 기각이 되어 낭패를 면할 수 있었다.

참고로 환매기간이 남아있는 선순위 환매특약등기가 경료된 물건을 매수하려면 환매금액보다 낮은 금액으로 낙찰을 보아야 이득이 생기거나 소유권을 빼앗기지 않을 것이다.

환매기간은 부동산은 5년, 동산은 3년을 넘지 못하고, 환매기간을 정하지 아니한 때에는 부동산은 5년, 동산은 3년으로 하는데, 만약 선순위 환매특약등기가 있어 확인해보았더니 환매기간이 도과했다면 매수하여도 아무런 문제가 되지 않는다. 왜냐하면 환매기간이 도과하면 환매청구를 할 수가 없기 때문에 소유권이 빼앗길 위험이 없기 때문이다.

그리고 환매특약등기는 소유권이전등기시에 소멸되지 않고 인수하여야 하고, 환매특약등기를 소멸시키기 위해서는 환매권자의 협조가 있어야 한다. 왜냐하면 환매특약등기의 말소등기신청은 원칙적으로 환매권자와 공동으로 신청하기 때문이다. 그러나 환매권자에게 연락이 되지 않거나 말소등기신청에 환매권자의 협조를 받을 수가 없는 상황이라면 부득이 법원에 환매권말소등기청구의 소를 제기하여 판결을 득한 후 말소신청하면 된다.

| 서울서부지방법원 | 2020 타경 *** | | 서울특별시 용산구 이촌동 ○○아파트 | | |
|---|---|---|---|---|---|
| 물건종류 | 아파트 | 채권자 | 박ㅇ나 | 감정가(원) | 2,900,000,000 |
| 대지권 | 50.5㎡(15.2평) | 매각대상 | 토지/건물 | 최저가(원) | (100%) 2,900,000,000 |
| 전용면적 | 124㎡(37.5평) | 배당종기일 | 2020-04-24 | 입찰보증금(원) | (10%) 290,000,000 |

〈등기부 현황〉

| 구분 | 성립일자 | 권리종류 | 권리자 | 권리금액(원) | 소멸여부 |
|---|---|---|---|---|---|
| 갑2 | 2016-11-30 | 소유권 | 박ㅇ가 | | |
| 갑4 | 2019-03-07 | 소유권 | 박ㅇ나 | | |
| 갑5 | 2019-03-07 | 소유권 | 박ㅇ다 | | |
| 을1 | 2019-09-18 | 근저당 | 용○○○○ | 161,000,000 | 소멸기준 |
| 갑7 | 2020-02-13 | 임의경매 | 박ㅇ나 | | 소멸 |

\* 갑구 2, 3, 4 소유권은 지분이 각기 다른 박ㅇ가, 박ㅇ나, 박ㅇ다 3인의 공동소유이다. 현금청산을 위한 물건이고, 용○○○○의 근저당권은 납세담보로 이루어진 근저당이다.

〈기일 현황〉

| 회차 | 매각기일 | 최저매각가(원) | 결과 | 비고 |
|---|---|---|---|---|
| 신건 | 2020-09-22 | 2,900,000,000 | 매각 | 입찰 3명 / 낙찰가 3,151,000,000원 |

〈등기부 현황〉상 말소기준권리는 을구 1의 2019. 9. 18 용○○○○의 근저당권이 말소기준이다. 갑구 2, 3, 4의 소유자가 3인인데, 소송을 통하여 현금청산결정으로 부동산을 현금화하기 위하여 공유물분할의 소를 통하여 매각에 나온 경매사건이다.

형식적 경매에는 현물분할이 어려운 경우, 소유권 이외의 재산권을 분할하기 위한 경우, 상속재산을 분할하기 위한 경우, 즉 공유물분할을 위한 경매가 있고, 채권을 변제받기 위하여 유치물을 경매하기 위하여 유치권자 실행하는 유치물 경매가 있는데, 형식적 경매와 일반적인 경매와는 차이가 없다. 단, 일반적인 지분경매와는 달리 공유물분할을 위한 형식적 경매에서는 공유자 우선매수권이 없다.

그러나 형식적으로 진행되는 경매물건인 경우는 법원에서 고지하는 특별매각조건을 잘 확인하여야 한다. 왜냐하면 등기부상의 권리가 말소되지 않고 임차인을 인수한다는 조건이 붙는 경우 등이 가끔씩 있기 때문이다.

제5장.

# 매각대금의
# 배당(배분)

매수인이 매각대금을 납입하면 매각대금은 배당재원이 된다. 따라서 배당재원으로 채권자들의 채권액에 대한 배당을 하는데, 이때 각 채권자의 채권을 모두 만족시키기에 충분할 경우 집행법원은 각 채권자의 채권액을 배당하고, 잉여금이 있으면 경매목적부동산의 소유자에게 교부하게 된다.

이때, 채권이 있는 자가 있다면 소유자에게 지급될 배당금에 대하여 가압류를 하고, 본안 소송에서 집행권원을 확보한 후 소유자에 대한 배당채권을 강제집행하여 회수할 수 있다.

## 배당표의 작성 및 확정

집행법원은 채권자와 채무자에게 보여 주기위하여 배당기일의 3일 전에 배당표원안을 작성하여 법원에 비치하여야 하며, 배당지급기일에 법원은 출석한 이해관계인과 배당을 요구한 채권자를 심문하여 배당표를 확정하여야 한다.

## 배당표의 기재 등

배당표에는 매각대금, 채권자의 채권의 원금, 이자, 비용, 배당의 순위와 배당의 비율을 기재하여야 하며, 출석한 이해관계인과 배당을 요구한 채권자가 합의한 때에는 이에 따라 배당표를 작성하여야 한다.

## 배당할 금액

- 대금
- 대금지급기한이 지난 뒤부터 대금의 지급·충당까지의 지연이자(*연 12%)
- 보증
- 보증 중 항고인이 돌려 줄 것을 요구하지 못하는 금액 또는 항고인이 낸 금액
- 매수인이 돌려줄 것을 요구할 수 없는 보증

## 배당실시절차·배당조서

- 법원은 배당표에 따라 배당을 실시하여야 하는데, 채권 전부의 배당을 받을 채권자에게는 배당액지급증을 교부하는 동시에 그가 가진 집행력 있는 정본 또는 채권증서를 받아 채무자에게 교부하여야 한다.
- 채권 일부의 배당을 받을 채권자에게는 집행력 있는 정본 또는 채권증서를 제출하게 한 뒤 배당액을 적어서 돌려주고 배당액지급증을 교부하는 동시에 영수증을 받아 채무자에게 교부하여야 한다.

## 배당표에 대한 이의

- 배당기일에 출석한 채무자는 채권자의 채권 또는 그 채권의 순위에 대하여 이의할 수 있다.

- 채무자는 법원에 배당표원안이 비치된 이후 배당기일이 끝날 때까지 채권자의 채권 또는 그 채권의 순위에 대하여 서면으로 이의할 수 있다.

- 배당기일에 출석한 채권자는 자기의 이해에 관계되는 범위 안에서는 다른 채권자를 상대로 그의 채권 또는 그 채권의 순위에 대하여 이의할 수 있다. 그러나 배당받을 임차인과 채권자가 배당기일에 출석하여 배당이의를 제기하지 않았다면 확정된 배당표에 대한 어떤 이의도 제기할 수가 없다.

## 배당이의의 소 등

- 집행력 있는 집행권원의 정본을 가지지 아니한 채권자(*가압류채권자를 제외)에 대하여 이의한 채무자와 다른 채권자에 대하여 이의한 채권자는 배당이의의 소를 제기하여야 한다.

- 집행력 있는 집행권원의 정본을 가진 채권자에 대하여 이의한 채무자는 청구이의의 소를 제기하여야 한다.

- 배당이의한 채권자나 채무자가 배당기일부터 1주 이내에 집행법원에 대하여 배당이의의 소를 제기한 사실을 증명하는 서류를 제출하지 아니한 때 또는 청구이의의 소를 제기한 사실을 증명하는 서류와 그 소에 관한 집행정지재판의 정본을 제출하지 아니한 때에는 이의가 취하된 것으로 본다.

## 배당이의 소의 취하간주 등

- 배당표에 대한 이의신청서를 집행법원에 제출하였지만 배당기일에

출석하지 아니하거나 그 이의신청서를 진술하지 아니한 경우에 배당표에 대한 이의의 소를 제기할 수 없다.

• 배당요구가 필요한 배당요구채권자가 실체법상 우선변제청구권이 있다 하더라도 적법한 배당요구를 하지 아니하여 배당에서 제외된 경우, 배당받은 후순위채권자를 상대로 부당이득의 반환을 청구할 수 없다.

## 배당받을 임차인의 구비서류 등

• 임대차계약서 원본
• 주민등록등본 1통
• 명도확인서(*매수인에게 주택 등을 비워주었다는 내용의 확인서) 1부
• 매수인의 인감증명 1통
• 임차인의 주민등록증과 도장

## 채권과 물권의 순위

우리 민법은 물권우선주의를 채택하고 있으므로 채권과 물권 간의 다툼이 있으면 물권이 우선한다. 따라서 채권과 물권의 순위는 그 성립의 순서와는 상관없이 물권이 우선한다.

## 물권과 물권 간 순위

물권 상호 간에는 시간적으로 먼저 성립한 물권이 우선이며, 등기 순위번호와 접수번호를 보고 구분한다.

## 채권과 채권 간 순위

채권 상호 간 경합이 있을 때에는 우선순위를 인정하지 않고, 평등주의를 채택함으로 일자 순서에 관계없이 동순위로 처리하여 채권액에 비례하여 평등하게 배당한다.

## 선순위 가압류채권자와 후순위 물권 간 순위

선순위 가압류채권자와 후순위 물권 간에는 동순위로 보고 채권액에 비례하여 평등배당을 한다.

예) 우선변제권을 갖는 임차보증금채권자와 선순위의 가압류채권자와의 배당관계(*대판 1992. 10. 13 선고 92다30597)는 부동산 담보권자보다 선순위의 가압류채권자가 있는 경우에 그 담보권자가 선순위의 가압류채권자와 채권액에 비례하여 평등하게 배당하고, 우선변제권이 있는 임차보증금채권자도 선순위이 가압류채권자와도 평등하게 배당한다.

## 당해세는 일반조세채권보다 우선

당해세는 일반조세채권보다 앞선다. 단, 당해세인 경우는 압류하지 아니하였어도 일반조세채권 압류권자보다 당연히 우선하며, 당해세 상호간에는 압류선착주의가 적용되어 우선순위가 정하여진다.

> **당해세**
> - 국세의 당해세 : 상속세, 증여세 및 종합부동산세
> - 지방세의 당해세 : 재산세, 자동차세, 지역자원시설세(*특정부동산에 대한 지역자원 시설세만 해당), 지방교육세

## 법정기일이 담보물권보다 빠른 경우 일반조세가 우선

조세의 법정기일은 담보물권과의 관계에서만 순위를 정하는 것이고, 당해세를 제외한 국세와 지방세의 법정기일이 담보물권보다 빠른 조세채권은 담보물권보다 선순위이다.

# 법정기일은 담보물권과의 순위 비교시 따져보는 세금징수 권리일

## 국세의 법정기일

① 과세표준과 세액의 신고에 따라 납세의무가 확정되는 국세(*중간예납하는 법인세와 예정신고납부하는 부가가치세를 포함)의 경우 신고한 해당 세액에 대해서는 그 신고일

② 과세표준과 세액을 정부가 결정·경정 또는 수시부과 결정을 하는 경우 고지한 해당 세액에 대해서는 그 납세고지서의 발송일

③ 원천징수의무자나 납세조합으로부터 징수하는 국세와 인지세의 경우에는 위①~②에도 불구하고 그 납세의무의 확정일

④ 제2차 납세의무자(*보증인을 포함)의 재산에서 국세를 징수하는 경우에는 '국세징수법' 제12조에 따른 납부통지서의 발송일

⑤ 양도담보재산에서 국세를 징수하는 경우에는 '국세징수법' 제13조에 따른 납부통지서의 발송일

⑥ '국세징수법' 제24조제2항에 따라 납세자의 재산을 압류한 경우에 그 압류와 관련하여 확정된 세액에 대해서는 위 ①~⑤까지의 규정에도 불구하고 그 압류 등기일 또는 등록일

## 지방세의 법정기일

① 과세표준과 세액의 신고에 의하여 납세의무가 확정되는 지방세의 경우 신고한 해당 세액에 대하여는 그 신고일

② 과세표준과 세액을 지방자치단체가 결정·경정 또는 수시부과결정하는 경우에 고지한 해당 세액에 대하여는 그 납세고지서의 발송일

③ 특별징수의무자로부터 징수하는 지방세의 경우에는 위 ①~②에도 불구하고 그 납세의무의 확정일

④ 양도담보재산 또는 제2차납세의무자(보증인을 포함한다)의 재산에서 지방세를 징수하는 경우에는 납부통지서의 발송일

⑤ 납세자의 재산을 압류한 경우에 그 압류와 관련하여 확정된 세액에 대하여는 위 ①~④까지의 규정에도 불구하고 그 압류등기일 또는 등록일

## 담보가 있는 국세·지방세의 우선

납세담보물을 매각하였을 경우 납세담보는 당해세를 제외한 나머지 배당금에서 압류채권자보다도 우선하며, 납세담보우선 원칙은 저당권 설정 순서에 의한다.

## 압류선착으로 인한 국세·지방세의 우선

국세와 지방세는 동순위(*압류선착주의의 예외)이다. 압류선착주의를 적용할 경우 압류권자 이외의 조세채권자 간에는 동순위이고, 납세자의 재산을 선착으로 압류한 경우에는 교부청구한 다른 징수금보다 우선하여 징수한다. 그리고 일반조세 간에는 법정기일로 순위를 정하는 것이 아니고 선착압류가 우선이다.

---

### 조세의 징수 순위

- 경매집행비용(*체납처분비) 〉 국세·지방세(*지방세는 도세 〉 사군세) 〉 가산금
- 경매집행비용(*체납처분비용) 〉 당해세 〉 납세담보 〉 선착압류 〉 참가압류 ≧ 교부청구(*경매 : 참가압류 = 교부청구, 공매 : 참가압류 〉 교부청구)

### 가등기가 되어 있는 재산을 압류하는 경우의 배당 순위

- 소유자(납세의무자) ▶ 가등기 ▶ 압류 ▶ 본등기 : 압류가 우선
- 소유자(납세의무자) ▶ 가등기 ▶ 본등기 ▶ 압류 : 가등기가 우선
- 소유자(납세의무자) ▶ 법정기일(*당해세 제외) 전의 가등기 : 가등기가 우선
- 소유자(납세의무자) ▶ 법정기일(*당해세 제외) 후의 가등기 : 압류가 우선

---

## 참가압류와 교부청구

**참가압류**

과세관청이 징수를 위해 압류하고자 하는 재산이 이미 다른 기관에 의하여 압류된 때에 중복압류가 금지되는 것이 원칙이므로 교부청구에 갈음하여 다른 기관의 압류에 참가하는 것을 참가압류라고 하며, 매각대금의 배분효력은 교부청구와 같다.

**교부청구**

이미 진행 중인 강제환가절차에 가입하여 체납된 조세의 배분(배당)을 요구하는 것을 말하며, 교부청구는 선집행기관의 압류가 취소 또는 해제되는 경우 교부청구의 효력도 따라서 상실된다.

## 담보물권과 공과금 간 순위

담보물권보다 공과금의 납부기한이 빠른 경우에는 공과금이 선순위이고, 담보물권보다 공과금의 납부기한이 늦는 경우에는 공과금이 후순위이다.

## 일반임금채권과 담보물권 간 순위

• 담보물권이 있는 경우 일반임금채권은 언제나 담보물권보다 후순위이다.

• 담보물권이 없는 경우에는 당해세보다도 선순위이다.

## 공과금과 일반조세 간 순위

• 공과금은 조세가 아니므로 조세우선징수의 원칙을 적용하지 않는다. 따라서 공과금은 일반조세보다는 언제나 후순위이다.

• 공과금 상호 간에는 아무런 명문 규정이 없기 때문에 압류선착주의도 적용되지 않으므로 압류등기일에 상관없이 동순위로 배당(배분)한다.

## 과태료와 기타 공과금 간

• 과태료와 기타 공과금은 일반채권(*가압류채권 등)과 동순위이다.

• 현행법상 우선순위에 관한 규정이 없는 행정관청의 과태료와 국민건강보험법·국민연금법·고용보험및산업재해보상보험의보험료징수등에관한법률·개발이익환수에관한법률에의한 보험료(*공과금)가 아닌 기타 공과금은 일반채권과 동순위이다.

\* (근)저당권, 전세권, 담보가등기와 확정일자에 의한 우선변제권이 있는 경우

| 순위 | 채권 | 채권의 내용 |
|---|---|---|
| 0순위 | 집행비용, 체납처분비 | 채무자의 부동산을 경매나 공매를 진행시키기 위한 비용 |
| 1순위 | 필요·유익비 | 제3취득자나 임차권, 점유권, 유치권자가 그 부동산의 보존과 개량을 위해 지불한 비용 |
| 2순위 | 최우선변제금 | • 소액임치인의 임차보증금 중 일정액<br>• 임금채권 중 일정액 : 근로자에게 우선변제권이 인정되는 임금채권이란 최종 3월분의 임금 및 최종 3년분의 퇴직금, 재해보상금 |
| 3순위 | 당해세 | 국세의 당해세는 상속세, 증여세 및 종합부동산세, 지방세의 당해세는 재산세, 자동차세, 지역자원시설세, 지방교육세 |
| 4순위 | 일반조세채권 | 당해세를 제외한 국세와 지방세로서 법정기일이 담보물권보다 빠른 일반조세채권 |
| 5순위 | 공과금 | 공과금으로서 담보물권보다 공과금의 납부기한이 빠른 경우 |
| 6순위 | 담보물권 | 담보물권은 저당권, 전세권, 담보가등기 등과 확정일자에 의해 우선변제되는 임차보증금 |
| 7순위 | 일반임금채권 | 최우선변제되는 임금채권을 제외한 임금채권으로서 조세, 공과금에 우선하며, 담보물권보다는 후순위이다. |
| 8순위 | 일반조세채권 | 당해세를 제외한 국세와 지방세로서 법정기일이 담보물권보다 늦은 일반조세채권 |
| 9순위 | 공과금 | 공과금으로서 담보물권보다 공과금의 납부기한이 늦은 경우 |
| 10순위 | 일반채권 | 일반채권과 현행법상 우선순위에 관한 규정이 없는 행정관청의 과태료 및 기타 공과금 등 |
| 자동차세 | | 자동차 소유에 대한 자동차세만 해당 |
| 지역자원시설세 | | 특정부동산에 대한 지역자원시설세만 해당 |
| 지방교육세 | | 재산세와 자동차세에 부가되는 지방교육세만 해당 |
| 담보물권 | | (근)저당권·전세권·담보가등기와 임차인의 우선변제 임차보증금 |
| 공과금 | | 국민건강보험법·국민연금법·고용보험및산업재해보상보험의보험료징수등에관한법률·개발이익환수에관한법률에의한 보험료 |

# 04 담보물권이 없는 경우의 배당순위

\* (근)저당권, 전세권, 담보가등기와 확정일자에 의한 우선변제권이 없는 경우

| 순위 | 채권 | 채권의 내용 |
|---|---|---|
| 0순위 | 집행비용, 체납처분비 | 채무자의 부동산을 경매나 공매를 진행시키기 위한 비용 |
| 1순위 | 필요·유익비 | 제3취득자나 임차권, 점유권, 유치권자가 그 부동산의 보존과 개량을 위해 지불한 비용 |
| 2순위 | 최우선변제금 | • 소액임차인의 임차보증금 중 일정액<br>• 임금채권 중 일정액 : 근로자에게 우선변제권이 인정되는 임금채권이란 최종 3월분의 임금 및 최종 3년분의 퇴직금, 재해보상금 |
| 3순위 | 일반임금채권 | 최우선변제되는 임금채권을 제외한 임금채권으로서 조세, 공과금에 우선하며, 담보물권보다는 후순위이다. |
| 4순위 | 당해세 | 국세의 당해세는 상속세, 증여세 및 종합부동산세, 지방세의 당해세는 재산세, 자동차세, 지역자원시설세, 지방교육세 |
| 5순위 | 일반조세채권 | 당해세를 제외한 국세와 지방세 |
| 6순위 | 공과금 | 국민건강보험법·국민연금법·고용보험 및 산업재해보상보험의 보험료징수등에관한법률·개발이익환수에관한법률에 의한 보험료 공과금 |
| 7순위 | 일반채권 | 일반채권과 현행법상 우선순위에 관한 규정이 없는 행정관청의 과태료 및 기타 공과금 등 |
| 자동차세 | | 자동차 소유에 대한 자동차세만 해당 |
| 지역자원시설세 | | 특정부동산에 대한 지역자원시설세만 해당 |
| 지방교육세 | | 재산세와 자동차세에 부가되는 지방교육세만 해당 |
| 담보물권 | | (근)저당권, 전세권, 담보가등기와 임차인의 우선변제 임차보증금 |
| 공과금 | | 국민건강보험법·국민연금법·고용보험및산업재해보상보험의보험료징수등에관한법률·개발이익환수에관한법률에의한 보험료 |

다음의 예와 같다고 가정해보자.

첫째, 서울의 아파트이며, 경매집행비용을 제외한 배당금은 2억 원

둘째, 임차인이 배당(배분)요구신청을 하였으면 '유'로 표시

| 번호 | 대항·접수일 | 내용 | 확정일자 | 금액(만 원) | 배당요구 | 배당금(만 원) |
|------|-----------|------|---------|-----------|---------|-------------|
| 1 | 2019. 6. 3 | 임차인 |  | 10,000 |  | 0 |
| 2 | 2019. 6. 4 | 저당권 |  | 12,000 |  | 12,000 |
| 3 | 2020. 6. 3 | 임차인 | 2020. 6. 3 | 12,000 | 유 | 8,000 |
| 4 | 2021. 6. 3 | 저당권 |  | 5,000 |  | 0 |

〈배당개요〉

1번 임차인은 2019. 6. 4의 오전 0시부터 대항력을 확보하므로 낮에 이루어지는 등기접수일자 2019. 6. 4의 2번 저당권보다 빠르므로 대항력이 있다.

그리고 1번 임차인은 2019. 6. 4에 설정된 2번 저당권을 기준으로 2018. 9. 18에서 2021. 5. 10 사이의 기간 동안에 시행되던 주택임대차보호법상 보증금이 서울특별시 1억 1,000만 원 이하의 소액보증금에 해당하고, 3,700만 원을 최우선적으로 변제받을 수가 있다. 그러나 1번 임차인은 배당요구신청을 하지 않았기 때문에 최우선변제권에 대한 배당과

확정일자도 없으므로 우선변제권에 대한 배당도 받을 수가 없다. 다만 좁은 의미의 대항력은 있기 때문에 낙찰자가 인수하여야 한다.

또한 3번 임차인은 2019. 6. 4의 최초저당권(*담보물권)을 기준으로는 보증금 1억 2,000만 원은 소액보증금에 해당하지 않으므로 최우선변제권에 대한 배당은 없지만 배당요구신청을 하였고 확정일자가 있으므로 우선변제권에 대한 배당은 받을 수 있다.

그러나 만약, 2번 저당권자가 채권을 모두 회수해 간다면 그 저당권은 기준에서 소멸하게 되고, 기준이었던 그 저당권이 소멸이 된다면 다시 4번 저당권설정일 2021. 6. 3을 기준으로 하여 새롭게 소액보증금에 해당하는지를 분석해볼 수 있다.

〈배당금 2억 원〉
1번 임차인의 보증금은 소액보증금에 해당하지만 배당요구가 없으므로 매각대금에서는 한 푼도 배당받을 수 없다. 따라서 오직 매수인에게만 대항력을 주장할 수 있을 뿐이고, 그 대항력으로 매수인으로부터 보증금을 회수할 수 있을 뿐이다.

따라서 2번 저당권자가 먼저 1억 2,000만 원을 배당받는다. 그러므로 저당권자는 채권을 모두 충족하고 배당에서 빠진다. 이제 배당잔액은 8,000만 원이다.

3번 임차인은 4번 저당권 등기접수일자 2021. 6. 3을 기준으로 새로이 소액보증금(*서울특별시의 경우 2021. 5. 11~현재까지의 범위는 소액보승금 1억 5,000만 원 이하에 최우선변제금은 5,000만 원까지)에 해당하므로 4번 저당권자보다 먼저 최우선변제금을 배당받는다.

〈배당잔액 8,000만 원〉

배당잔액 8,000만 원을 3번 임차인이 우선변제권에 대한 배당보다 최우선변제권부터 먼저 배당받아야 하는데, 최우선변제금은 주택가액(*배당잔액)의 1/2 범위 내인 4,000만 원(*배당잔액 8,000만 원×1/2)에서 배당받는 것이므로 3,700만 원을 최우선변제 배당받는다. 이제 배당잔액은 4,300만 원이다.

〈배당잔액 4,300만 원〉

3번 임차인이 최우선변제금으로 3,700만 원을 배당받고 나면, 다시 3번 임차인은 확정일자에 의한 우선변제권으로 배당을 받아야 하는데, 3번 임차인의 확정일자가 4번 저당권 등기접수일자보다 선순위이므로 배당잔액 4,300만 원을 추가로 배당받는다. 이제 배당잔액은 0원이다.

〈배당결과〉

1번 임차인은 대항력이 있기 때문에 회수하지 못한 보증금 1억 원에 대하여는 대항력을 주장하여 낙찰자로부터 변제를 받을 수가 있게 되어 다행이다.

2번 저당권자는 1순위로 설정금 1억 2,000만 원을 전액 배당받고 소멸된다.

3번 임차인은 보증금 1억 2,000만 원 중 8,000만 원만 배당받고 4,000만 원 보증금 손실을 보게 되었다.

4번 저당권자는 배당의 남음이 없으므로 배당을 한 푼도 받지 못하고, 미회수 금액에 대해서 채무자에게 채권만 가지게 될 뿐이다.

〈결과분석〉

결론적으로 후순위가 되면 손해를 볼 수 있다. 3번 임차인이 4,000만 원 손실이 났고, 4번 저당권도 5,000만 원 손실이 났다.

만약 1번 임차인이 대항력이 없다면, 그리고 3번 임차인이 확정일자를 받지 않아서 우선변제권이 없었다면 어떠했을까? 모르긴 해도 3번 임차인처럼 된다면 끔찍할 것이다. 다행히 1번 임차인은 대항력이 있어서 낙찰자에게 대항할 수 있고, 3번 임차인은 우선변제권이 있어서 4순위 저당권보다 선순위로 보증금을 일부라도 회수하게 된 것이다.

따라서 주택·상가건물임대차보호법에 대해서 잘 알고 있어야 자신의 재산을 지킬 수 있다. 모름지기 재테크는 자신의 재산부터 먼저 지켜야 하는 것이 무엇보다 중요한 것이다.

## 주택이나 상가건물에 임차인이 있는 경우 권리분석 요령 : 중요! 중요!

- 대항력(*경공매에서는 좁은 의미의 대항력만) 유무 확인
- 주임법·상임법 경과별·지역별 소액보증금 확인
- 확정일자 유무 확인
- 배당요구종기일까지의 배당요구신청 여부 확인

최우선변제권과 우선변제권은 반드시 배당요구종기일까지 배당요구신청을 했는지의 여부를 확인하여야 한다. 왜냐하면 임차인이 배당요구종기일까지 배당요구신청을 하지 않으면 법원으로서는 임차인과 임차보증금에 관한 내용을 알지 못하기 때문에 배당을 줄 수가 없고, 그러면 임차인은 손해를 보게 될 수가 있고, 반대로 낙찰자는 임차인의 보증금을 인수하게 될 수도 있다.

### 〈참고〉 중요!

- 전입되었다고 해서 대항력이 있는 것이 아니다. 왜냐하면 경·공매에서는 좁은 의미의 대항력만 인정하기 때문이다.
- 소액보증금에 해당하는 소액임차인이라고 해서 무조건 최우선변제금 배당을 받을 수 있는 것이 아니다. 왜냐하면 배당요구종기일까지 배당요구신청을 하지 않으면 최우선변제금을 받을 수가 없기 때문이다.
- 확정일자를 받았다고 해서 무조건 우선변제권이 있는 것도 아니다. 왜냐하면 배당요구종기일까지 배당요구신청을 하지 않으면 우선변제금도 받을 수가 없기 때문이다.
- 배당요구신청은 배당요구종기일까지 하여야 하는데, 그렇지 않고 배당요구종기일이 지나서 한 배당요구신청은 신청을 아니한 것으로 본다.

다음의 예와 같다고 가정해보자.

첫째, 서울의 아파트이며, 경매집행비용을 제외한 배당금은 2억 원

둘째, 임차인이 배당(배분)요구신청을 하였으면 '유'로 표시

| 번호 | 대항·접수일 | 내용 | 확정일자 | 금액(만 원) | 배당요구 | 배당금(만 원) |
|---|---|---|---|---|---|---|
| 1 | 2018. 4. 3 | 저당권 | | 8,000 | | 8,000 |
| 2 | 2019. 4. 3 | 임차인 | | 6,000 | 유 | 3,333 |
| 3 | 2020. 4. 3 | 임차인 | 2020. 4. 3 | 5,000 | 유 | 5,000 |
| 4 | 2021. 4. 3 | 임차인 | 2021. 4. 3 | 4,000 | 유 | 3,667 |

〈배당개요〉

2번, 3번, 4번의 각 임차인들은 2018. 4. 3에 설정된 1번 저당권(*담보물권)보다 모두 후순위이므로 모든 임차인들은 대항력이 없다.

그러나 모든 임차인들은 2018. 4. 3에 설정된 1번 저당권을 기준으로 2016. 3. 31에서 2018. 9. 17 사이의 기간 동안에 시행되던 주택임대차보호법상 보증금이 서울특별시 1억 원 이하의 소액보증금에 해당하고, 3,400만 원을 최우선적으로 변제받을 수 있다.

〈배당금 2억 원〉

2번, 3번, 4번의 각 임차인들이 배당요구를 하였고, 배당금 2억 원을 우선변제금보다 최우선변제금을 먼저 배당받는 것이고, 최우선변제금은 주택가액(*배당잔액)의 1/2 범위 내에서 변제받는 것이다. 그러면 3명의 임차인×3,400만 원 = 1억 200만 원이 되는데, 이는 주택가액의 1/2인 1억 원을 초과하므로 이 임차인들은 최우선변제금을 채권액 비율(*보증금이 아닌 일정액인 최우선변제금)대로 각 3,333만 원(*1억 원÷3)씩을 최우선변제금으로 배당받는다. 이제 배당잔액은 1억 원이다.

〈배당잔액 1억 원〉

1번 저당권이 3번과 4번의 임차인보다 우선변제권이 빠르므로 8,000만 원을 배당받는다. 따라서 저당권자는 채권을 모두 충족하고 배당에서 빠진다. 이제 배당잔액은 2,000만 원이다.

〈배당잔액 2,000만 원〉

2번 임차인은 확정일자가 없어 우선변제권이 없기 때문에 추가 배당이 없고, 3번 임차인이 최우선변제금으로 3,333만 원을 확보한 것에서 추가로 배당잔액 1,667만 원을 추가로 배당받아 보증금을 5,000만 원을 전액 회수(*최우선변제금 3,333만 원+우선변금 추가배당금 1,667만 원)하였고, 나머지 배당잔액 333만 원을 4번 임차인이 추가로 배당받아 보증금을 전액 회수하지는 못했으나 3,667만 원(*최우선변제금 3,333만 원+우선변금 추가배당금 333만 원)을 배당받는다.

〈배당결과〉

1번 저당권은 채권 8,000만 원을 전액 회수하였다.

2번 임차인은 확정일자가 없어서 우선변제권을 확보하지 못하여 임차보증금 6,000만 원 중 3,333만 원만 배당받았으므로 보증금 회수에 큰 손해를 보았다.

3번 임차인은 다행히 확정일자가 있어 우선변제권으로 보증금을 회수하였기에 보증금 5,000만 원을 전액 배당받았다.

4번 임차인도 확정일자가 있어 우선변제권으로 배당을 받았지만 후순위라서 보증금 4,000만 원 중 3,667만 원을 배당받았으므로 보증금 회수에 약간의 손해를 보았다.

결론적으로 임차인의 경우는 확정일자가 없어서 우선변제권이 없거나 후순위면 보증금을 떼이게 된다는 것을 알 수 있다. 따라서 민원센터 등에서 확정일자를 교부받았다고 해서 능사는 아니다. 왜냐하면 확정일자를 받는다는 것은 배당금을 우선변제받을 수 있는 권리를 획득하는 것이지만 그 확정일자가 늦으면 배당받는 순서가 늦게 되어 임차보증금을 전액 회수하지 못할 수도 있기 때문이다.

참고로 주택이나 상가건물을 임대차계약을 맺기 전에는 반드시 부동산등기부와 임대인의 협조를 구하여 관할관청으로부터 주택·상가건물임대차정보를 제공받아서 임차보증금에 대한 그 안전성 여부를 점검·확인하고, 자신의 임차보증금을 지킬 수가 있는 경우에만 임대차계약을 하여야 자신의 재산을 지킬 수 있다는 것을 반드시 명심에 또 명심하여야 한다.

# 07 공동저당의 동시배당과 이시배당

공동저당권이란 동일한 채권을 담보하기 위하여 여러 개의 부동산에 설정한 저당권을 말한다. 공동저당권은 각 부동산 위에 동시에 설정하여야 하는 것은 아니고, 때를 달리하여 추가적으로 설정할 수도 있고, 공동저당권의 순위가 반드시 동일할 필요도 없다.

## 동시배당

공동저당권이 설정되어 있는 여러 개의 부동산을 동시에 경매하여 동시에 배당하는 경우는 각 부동산의 매득금에 비례하여 그 채권의 부담액을 정하고, 각 부동산의 매득금의 비율로 공동저당권자의 부동산별 채권부담액을 안분하여 안분된 금액만 그 부동산으로부터 배당받을 수 있다.

• 부동산 모두가 채무자 소유시
각 부동산의 매득금을 안분비례하여 배당한다.

• 부동산 일부가 물상보증인 소유시
① 채무자 소유 부동산의 매득금에서 공동저당권자에게 우선적으로 배당한다.

② 부족분이 있는 경우에 한하여 물상보증인 소유 부동산의 매득금에서 추가로 배당한다.

> **예) 김경매는 저당권자이며, A부동산과 B부동산을 공동담보하였고, A부동산에는 후순위 저당권자 이경매가 있다.**
> 선순위 저당권자 김경매는 A부동산과 B부동산의 매득금에 비례해서 배당받는다.
>
> A부동산의 후순위 저당권자 이경매는 선순위 저당권자인 김경매가 A부동산과 B부동산의 매득금에 비례해서 배당받아가고 남은 A부동산 매득금의 잔액에서 배당받는다.

## 이시배당

공동저당의 목적인 여러 부동산 중 시간을 달리하여 먼저 배당하는 경우 먼저 배당되는 매득금에서 그 채권의 전부를 변제받을 수 있고, 경매목적부동산의 후순위 저당권자는 선순위 저당권자의 공동저당 목적부동산 전부가 경매되어 동시에 배당되었다면 다른 부동산의 매득금에서 변제받을 수 있었던 금액의 한도 내에서 선순위자를 대위하여 저당권을 행사할 수 있다.

• 부동산 모두가 채무자 소유시
후순위 저당권자는 선순위 저당권자가 동시배당시 다른 부동산의 매득금에서 변제를 받을 수 있는 금액의 한도에서 선순위자를 대위하여 저당권을 행사할 수 있다.

• 부동산 일부가 물상보증인 소유시

① 채무자 소유 부동산이 먼저 경매된 경우에는 채무자 소유 부동산의 후순위 권리자는 물상보증인 소유 부동산에 대해 대위권을 행사할 수 없다.

② 물상보증이 소유 부동산이 먼저 경매된 경우에는 물상부증인 소유 부동산의 후순위 권리자는 채무자 소유 부동산에 대해 대위권을 행사할 수 있다.

> **예) 김경매는 저당권자이며, A부동산과 B부동산을 공동담보하였고, A부동산에는 후순위 저당권자 이경매가 있다.**
> 선순위 저당권자 김경매는 먼저 매각되는 A부동산 또는 B부동산의 매득금에서 배당받는다.
>
> A부동산의 매득금이 먼저 배당되는 경우 선순위 저당권자 김경매는 그로부터 전액 배당받을 수 있지만, A부동산의 후순위 저당권자 이경매는 A부동산과 B부동산이 매각되어 동시에 배당되었더라면 선순위 저당권자 김경매가 B부동산으로부터 배당받을 수 있었던 배당액의 한도에서 선순위 저당권자 김경매를 대위하여 그 저당권을 행사할 수 있다.

예) 다음과 같다고 가정해보자. 단, 경매집행비용(체납처분비)을 제외한 배당금

| 내용 | A부동산 | B부동산 | 합계금 |
|------|---------|---------|--------|
| 감정가 | 1억 원 | 2억 원 | 3억 원 |
| 낙찰가(80%) | 8,000만 원 | 1억 6,000만 원 | 2억 4,000만 원 |
| 1순위 공동 저당권 | 김경매 2억 원 | | 2억 5,000만 원 |
| 2순위 저당권 | 이경매 5,000만 원 | | |

• 동시배당시

김경매의 안분배당액은 매득금 240,000,000원×김경매 채권액 200,000,000원÷250,000,000원(A+B의 채권액)=192,000,000원,

이경매의 안분배당액은 매득금 240,000,000원×이경매 채권액 50,000,000원÷250,000,000원(A+B의 채권액)=48,000,000원이다.

따라서 동시배당배당을 하였다면 선순위 김경매가 192,000,000원, 후순위 이경매가 48,000,000원을 배당받는다.

• 이시배당시

선순위인 김경매가 A부동산의 매득금에서 먼저 배당받는다면 1차로 80,000,000원 먼저 배당받고,

후순위인 이경매가 B부동산 매득금 160,000,000원에서 선순위 김경매를 대위하여 48,000,000원을 배당받는다.

B부동산 매득금 잔액 112,000,000원은 김경매에게 배당하고, 김경매는 1차로 배당받은 80,000,000원을 보태어 총 192,000,000원을 배당받는다.

결과적으로 동시배당이나 이시배당의 배당결과는 같은 것이다.

# 08 안분·흡수·순환 배당방법

## 안분배당

안분배당이란 각 채권이 동순위라서 우선변제받을 수 있는 권리의 우열이 없는 경우에는 채권액의 비율에 따라 공평하게 안분하여 배당하는 방법이다.

## 흡수배당

흡수배당이란 선순위 채권자가 가장 열후한 후순위자로부터 자신의 채권이 만족할 때까지 흡수하는 배당방법이다.

## 흡수배당 방법의 흡수하는 순서

흡수할 자(*흡수권자)가 다수일 때에는 선순위 채권자가 먼저 흡수하고, 그리고 그 다음 우선순위자가 흡수하는 배당절차를 밟게 된다. 만약 흡수권자가 동순위이면 흡수권자의 채권액에 비례하여 안분 후 흡수를 한다.

## 흡수당하는 순서

흡수당할 자(*피흡수권자)가 다수일 때에는 후순위자로부터 먼저 흡수하는데, 피흡수자가 흡수당하는 순서는 가장 열후(*열등하며 후순위)한 피흡수자로부터 흡수하되 가장 열후한 피흡수자의 흡수한도(*피흡수자의 1단계 안분배당액) 내에서 흡수하고, 흡수하지 못한 금액은 그 다음으로 열후한 피흡수자로부터 차례로 흡수권자의 채권액을 만족할 때까지 흡수하는 절차를 거치게 된다. 다만 피흡수자가 동순위일 때에는 피흡수자의 채권액에 비례하여 안분흡수한다.

## 흡수의 한도

흡수권자의 흡수의 한도는 흡수권자의 채권액에서 1단계 안분배당액을 공제한 금액으로 피흡수자의 1단계 안분배당액 내에서만 흡수할 수 있는데, 피흡수자가 선순위 채권자에게 이미 1단계 안분배당액에서 흡수당한 경우에는 이 금액을 공제한 잔액만을 가지고 후순위 흡수권자가 흡수할 수 있다.

하나의 흡수권자는 하나의 피흡수권자로부터 단 1회의 흡수만 가능하고 반복하여 계속 흡수할 수 없다. 그러나 피흡수자는 흡수권자가 다수이면 그 다수의 흡수권자마다 1회씩 흡수당할 수 있다.

흡수당했던 자가 흡수할 때 흡수당한 부분을 공제한 나머지 부분만 흡수한다(*흡수당한 부분은 일단 배당받은 것이므로, 즉 1단계 안분배당액을 선순위 채권자에게 흡수당해서 1단계 안분배당액에서 배당받지 못한 것까지 후순위로부터 흡수하게 한다면 이는 이중배당으로 볼 수 있기 때문). 후순위 흡수권자가 자신보다 선순위 흡수권자에게 흡수당하여 자신의 채권부족분이 증가되었더라도 후순위에게서 흡수할 수 있는 금액은 자신의 채권부족분 전부를 흡수할 수 있는 것이 아니라 당초 흡수한도(*청구채권액-1단계 안분배당액), 즉 안분부족액만큼만을 흡수할 수 있다.

## 순환흡수배당

순환배당이란 배당순위가 법률(*민법, 상법, 국세·지방세 관련법, 경우에 따라서는 대법원 판례에 의거)의 충돌로 인하여 상호모순이 발생되는 때에는 배당이 꼬리에 꼬리를 물어 순환되는 배당을 순환배당이라 한다. 또 이렇게 순환되다보면 법률에서 정해진 후순위로부터 흡수하는 배당이 불가피하게 되는데, 이러한 배당을 순환흡수배당이라 한다.

## 순환흡수 배당방법

배당순위가 상호 모순관계에 있는 경우, 즉 갑 = 을이고, 을 〉병이고, 병 〉갑이라는 관계에서 순위가 상호모순이다. 이런 경우는 1단계로 각 채권자의 채권액을 기초로 안분배당을 하고, 2단계로 선순위 채권자가 자신의 안분배당액에서 자신의 채권부족분을 후순위 채권자의 1단계 안분배당액에서 자신의 채권이 만족할 때까지 흡수한다.

다음의 예와 같다고 가정해보자.

단, 경매집행비용(체납처분비)을 제외한 배당금은 2억 원

| 번호 | 접수일 | 내용 | 금액(만 원) | 배당금(만 원) |
|------|--------|------|-------------|---------------|
| 1 | 2019. 5. 2 | 가압류 | 5,000 | 3,333 |
| 2 | 2020. 5. 2 | 저당권 | 10,000 | 10,000 |
| 3 | 2021. 5. 2 | 저당권 | 15,000 | 6,667 |

〈배당개요〉

1번 가압류가 선순위이므로 1번, 2번, 3번이 모두 동순위가 된다. 우리 민법은 '채권보다 물권이 우선한다'라고 하고 있으나 채권이 물권보다 빠른 경우 판례는 동순위라고 하고 있다. 따라서 이런 경우는 채권평등의 원칙에 따라 채권의 효력이 언제 발생하였는지를 불문하고 채권액의 비율대로 모두 안분배당한 후 2번 저당권이 3번 저당권보다 선순위이므로 2번 저당권자의 부족 채권액을 만족시킬 때까지 가장 열후한 후순위 채권자의 배당액에서 흡수한다.

## 1단계 안분배당

1번 가압류가 선순위이므로 1번 가압류부터 후순위 권리들은 일반채권화되어 채권액에 비례하여 안분배당을 받게 되는데, 배당금 2억 원을

채권합계액 3억 원(*1번 가압류 5,000만 원+2번 저당권 1억 원+3번 저당권 1억 5,000만 원)으로 하여 채권자들의 채권액 비율대로 안분배당을 한다.

| 채권자 | 안분 내용 | 금액(만 원) |
|---|---|---|
| 1번 가압류 | 배당금 2억 원×채권액 5,000만 원÷채권합계액 3억 원 | 3,333 |
| 2번 저당권 | 배당금 2억 원×채권액 1억 원÷채권합계액 3억 원 | 6,667 |
| 3번 저당권 | 배당금 2억 원×채권액 1억 5,000만 원÷채권합계액 3억 원 | 10,000 |

## 2단계 흡수배당

2번 저당권자는 3번 저당권보다 선순위임에도 불구하고 1단계 안분배당액으로6,667만 원을 평등배당 받았으므로 그 부족분 3,333만 원을 후순위인 3번 저당권으로부터 흡수한다.

3번 저당권자는 1단계 안분배당액으로 1억 원을 배당받았으나 2번 저당권자에게 3,333만 원을 흡수당한다.

따라서 배당흡수 결과는 다음과 같다.

| 채권자 | 1단계 배당 금액(만 원) | 피흡수자 | 흡수한 금액(만 원) | 흡수당한 금액(만 원) | 정산(만 원) |
|---|---|---|---|---|---|
| 2번 저당권자 | 6,667 | 3번 저당권자 | 3,333 | | 10,000 |
| 3번 저당권자 | 10,000 | | | 3,333 | 6,667 |

다음의 예와 같다고 가정해보자.

단, 경매집행비용(체납처분비용)을 제외한 배당금은 2억 원이다.

| 번호 | 접수일 | 내용 | 금액(만 원) | 배당금(만 원) |
|---|---|---|---|---|
| 1 | 2016. 5. 7 | 저당권 | 8,000 | 8,000 |
| 2 | 2017. 5. 7 | 가압류 | 6,000 | 3,273 |
| 3 | 2018. 5. 7 | 저당권 | 6,000 | 6,000 |
| 4 | 2019. 5. 7 | 가압류 | 2,000 | 182 |
| 5 | 2020. 5. 7 | 저당권 | 4,000 | 2,545 |
| 6 | 2021. 5. 7 | 가압류 | 4,000 | 0 |

〈배당개요〉

채권이 담보물권과 함께 있는 경우는 흡수배당이 동반하게 된다. 따라서 선순위로 가압류가 있는 경우에는 1단계로 평등배당을 하여야 하고, 그런 다음 2단계로 순위가 빠른 물권은 채권이 충족될 때까지 가장 열후한 후순위로부터 순차적으로 채권을 흡수한다.

따라서 1번 저당권자가 선순위로 배당을 받고 종료되면 2번 가압류가 3번 저당권과 동순위가 되므로 2번, 3번, 4번, 5번, 6번의 모든 채권이 채권평등의 원칙에 따라 채권의 효력이 언제 발생하였는지를 불문하고 채권액 비율대로 안분배당을 한다.

〈배당금 2억 원〉

1번 저당권자는 최선순위로 8,000만 원을 전액 배당받고 종결된다. 배당잔액은 1억 2,000만 원이다.

〈배당잔액 1억 2,000만 원〉

1번 저당권자가 채권을 모두 충족하고 소멸하면 종결된다. 그 다음으로 2번 가압류채권은 물권인 3번 저당권과 동순위이므로 2번 가압류부터 모든 권리들은 채권평등의 원칙에 따라 안분배당을 한다.

따라서 배당잔액 1.2억 원을 채권합계액 2.2억 원(*2번 가압류 6,000만 원+3번 저당권 6,000만 원+4번 가압류 2,000만 원+5번 저당권 4,000만 원+6번 가압류 4,000만 원)으로 하여 각 채권자들의 채권액 비율대로 안분배당을 한다.

## 1단계 안분배당

| 채권자 | 안분 내용 | 금액(만 원) |
|---|---|---|
| 2번 가압류 | 배당잔액 1.2억 원×채권액 6,000만 원÷2.2억 원 | 3,273 |
| 3번 저당권 | 배당잔액 1.2억 원×채권액 6,000만 원÷2.2억 원 | 3,273 |
| 4번 가압류 | 배당잔액 1.2억 원×채권액 2,000만 원÷2.2억 원 | 1,090 |
| 5번 저당권 | 배당잔액 1.2억 원×채권액 4,000만 원÷2.2억 원 | 2,182 |
| 6번 가압류 | 배당잔액 1.2억 원×채권액 4,000만 원÷2.2억 원 | 2,182 |

2번 가압류는 1단계 안분배당으로 3,273만 원을 배당받고 종결한다.

3번 저당권자는 1단계 안분배당액 3,273만 원으로는 채권이 만족되지 않으므로 가장 열후하며 후순위인 4번과 6번의 가압류로부터 부족금

2,727만 원을 공평하게 흡수하기 위하여 2단계로 흡수배당을 하여야
한다.

## 2단계 흡수배당

3번 저당권과 5번 저당권은 가장 열후한 각각의 후순위 채권으로부터
흡수하여 배당한다.

3번 저당권자는 채권액이 6,000만 원 중 1단계 안분배당으로 3,273만
원을 받았으므로 부족금 2,727만 원을 4번과 6번의 가압류권자로부
터 다음과 같이 각각 흡수하여 채권 6,000만 원을 모두 충족하고 종
결한다.

| 채권자 | 안분 내용 | 금액(만 원) |
|---|---|---|
| 4번 가압류 | 부족금 2,727만 원×1단계 안분배당액 1,090만 원÷3,273만 원(*4번과 6번의 1단계 안분배당액 합계금) | 908 |
| 6번 가압류 | 부족금 2,727만 원×1단계 안분배당액 2,182만 원÷3,273만 원(*4번과 6번의 1단계 안분배당액 합계금) | 1,819 |

이제 4번 가압류와 6번 가압류의 1단계 안분배당액에서 흡수당한 금액
을 다시 정리하여 배당금이 얼마인지를 정산해보자.

4번 가압류 잔여배당액 : 1단계 안분배당액 1,090만 원−피흡수금 908
만 원=182만 원이고, 이제 4번 가압류권자는 182만 원을 배당받고 종
결한다.

6번 가압류 잔여배당액 : 1단계 안분배당액 2,182만 원−피흡수금

1,819만 원=363만 원이다. 그런데 6번 가압류채권자는 아직 종결을 못한다.

왜냐하면 6번 가압류권자보다 선순위인 5번 저당권자가 아직 배당이 끝나지 않은 상태에 있기 때문이다.

5번 저당권자는 채권액 4,000만 원 중 1단계 안분배당액으로 2,182만 원을 배당받은 상태이므로 아직 1,818만 원을 더 회수하여야 하는데, 그래서 가장 열후한 후순위인 6번 가압류권자로부터 잔여배당액 363만 원을 전액을 흡수하여 총 2,545만 원(*1단계 안분배당액으로 2,182만 원+363만 원)을 배당받고 종결한다.

6번 가압류권자는 최종적으로 잔여배당액 363만 원 마저 선순위인 5번 저당권자로부터 전액 흡수당하여 한 푼의 배당도 받지 못하고 종결한다.

다음의 예와 같다고 가정해보자.

단, 경매집행비용(체납처분비용)을 제외한 배당금은 2억 원이다.

| 번호 | 접수일 | 내용 | 법정일자 | 금액(만 원) | 배당금(만 원) |
|------|--------|------|----------|-------------|----------------|
| 1 | 2018. 4. 7. | 압류 공과금 | 2017. 9. 9. | 4,000 | 2,909 |
| 2 | 2019. 4. 7. | 저당권 | | 12,000 | 11,273 |
| 3 | 2020. 4. 7. | 압류 일반조세 | 2019. 9. 9. | 6,000 | 3,818 |
| 4 | 2021. 4. 7. | 압류 당해세 | 2020. 9. 9. | 2,000 | 2,000 |

〈배당개요〉

1순위는 4번 당해세이고,

1번 공과금이 2번 저당권보다 납부기한이 빠르므로 1번 공과금 〉 2번 저당권,

2번 저당권은 3번 일반조세의 법정기일보다 빠르므로 2번 저당권 〉 3번 일반조세,

3번 일반조세는 언제나 공과금보다 선순위이므로 3번 일반조세 〉 1번 공과금이다.

따라서 상호모순이 발생한다. 그러므로 안분흡수순환배당을 하여야
한다.

〈배당금 2억 원〉

1순위로 4번 당해세가 2,000만 원을 1순위로 배당받고 종결한다. 배당
잔액은 1억 8,000만 원이다.

〈배당잔액 1억 8,000만 원〉

1번 공과금부터 상호모순 관계에 있으므로 배당잔액 1.8억 원을 채권합
계액 2.2억 원(*1번 압류 공과금 4,000만 원+2번 저당권 1억 2,000만 원+3번 압류 일반조세
6,000만 원)으로 하여 각 채권자들의 채권액 비율대로 안분배당을 한다.

## 1단계 안분배당

| 채권자 | 안분 내용 | 금액(만 원) |
|---|---|---|
| 1번 과태료 | 배당잔액 1.8억 원×채권액 4,000만 원÷채권합계액 2.2억 원 | 3,273 |
| 2번 저당권 | 배당잔액 1.8억 원 ×채권액 1억 2,000만 원÷채권합계액 2.2억 원 | 9,818 |
| 3번 일반조세 | 배당잔액 1.8억 원 ×채권액 6,000만 원÷채권합계액 2.2억 원 | 4,909 |

안분배당이 끝났으면 2단계로 흡수순환 배당절차를 거쳐야 하는데, 1
단계 안분배당된 금액에서 순서(*최선순위부터 가장 열후한 순위의 1단계 안분배당
액에서 흡수)대로 흡수순환한다.

## 2단계 흡수순환배당

1번 공과금은 가장 열후한 후순위인 2번 저당권에서 흡수하고,

2번 저당권은 가장 열후한 후순위인 3번 일반조세에서 흡수하고,

3번 일반조세는 가장 열후한 후순위인 1번 공과금에서 흡수하여야 한다.

| 채권자 | 채권액(만 원) | 1단계 배당(만 원) | 피흡수자 | 흡수한 금액(만 원) |
|---|---|---|---|---|
| 1번 공과금 | 4,000 | 3,273 | 2번 저당권 | 727 |
| 2번 저당권 | 12,000 | 9,818 | 3번 일반조세 | 2,182 |
| 3번 일반조세 | 6,000 | 4,909 | 1번 공과금 | 1,091 |

## 3단계 순환흡수배당 및 정산

1번 공과금은 2,909만 원(*1단계 안분배당액 3,273만 원+저당권으로부터 흡수한 금액 727만 원-3번 일반조세로부터 흡수당한 금액 1,091만 원)을 배당받고 종결,

2번 저당권은 11,273만 원(*1단계 안분배당액 9,818만 원+일반조세로부터 흡수한 금액 2,182만 원-1번 공과금으로부터 흡수당한 금액 727만 원)을 배당받고 종결,

3번 일반조세는 3,818만 원(*1단계 안분배당액 4,909만 원+공과금으로부터 흡수한 금액 1,091만 원-2번 저당권으로부터 흡수당한 금액 2,182만 원)을 배당받고 종결한다.

# 12 과태료 공과금 배당

다음의 예와 같다고 가정해보자.

단, 경매집행비용(체납처분비)을 제외한 배당금은 2억 원

| 번호 | 접수일 | 내용 | 법정일자 | 금액(만 원) | 배당금(만 원) |
|---|---|---|---|---|---|
| 1 | 2018. 3. 9 | 압류 과태료 공과금 | | 4,000 | 2,182 |
| 2 | 2019. 3. 9 | 저당권 | | 12,000 | 12,000 |
| 3 | 2020. 3. 9 | 압류 일반조세 | 2019. 9. 9 | 6,000 | 3,818 |
| 4 | 2021. 3. 9 | 압류 당해세 | 2020. 3. 9 | 2,000 | 2,000 |

〈배당개요〉

과태료 공과금은 국민건강보험법·국민연금법·고용보험및산업재해보상보험의보험료징수등에관한법률·개발이익환수에관한법률에의한 보험료 공과금과는 가압류채권과 같은 일반채권이므로 배당순위가 말순위이다.

1순위는 4번 당해세이고,

1번 과태료는 2번 저당권과 동순위이므로 1번 과태료 = 2번 저당권,

2번 저당권은 3번 일반조세의 법정기일보다 빠르므로 2번 저당권 〉 3

번 일반조세,

3번 일반조세는 과태료보다 선순위이므로 3번 일반조세 〉 1번 과태료
이다.

따라서 상호모순이 발생한다. 그러므로 안분흡수순환배당을 하여야
한다.

〈배당금 2억 원〉
1순위로 4번 압류 당해세가 2,000만 원을 배당받고 종결한다. 이제 배
당잔액은 1억 8,000만 원이다.

〈배당잔액 1억 8,000만 원〉
1번 과태료부터 상호모순 관계에 있으므로 1단계로 배당잔액 1.8억 원
을 채권합계액 2.2억 원(*1번 압류 공과금 4,000만 원+2번 저당권 1억 2,000만 원+3번
압류 일반조세 6,000만 원)으로 하여 각 채권자들의 채권액 비율대로 안분배
당을 한 후 2단계로 흡수순환배당 절차를 거쳐야 한다.

## 1단계 안분배당

| 채권자 | 안분 내용 | 금액(만 원) |
|---|---|---|
| 1번 과태료 | 배당잔액 1.8억 원×채권액 4,000만 원÷채권합계액 2.2억 원 | 3,273 |
| 2번 저당권 | 배당잔액 1.8억 원×채권액 1억 2,000만 원÷채권합계액 2.2억 원 | 9,818 |
| 3번 일반조세 | 배당잔액 1.8억 원×채권액 6,000만 원÷채권합계액 2.2억 원 | 4,909 |

안분배당이 끝났으면 2단계로 흡수순환 배당절차를 거쳐야 하는데, 1단계 안분배당된 금액에서 순서(*최선순위부터 가장 열후한 순위의 1단계 안분배당액에서 흡수)대로 흡수순환한다.

## 2단계 흡수순환배당

| 채권자 | 채권액(만 원) | 1단계 배당((만 원) | 피흡수자 | 흡수한 금액(만 원) |
|---|---|---|---|---|
| 1번 과태료 | 4,000 | 3,273 | | |
| 2번 저당권 | 12,000 | 9,818 | 3번 일반조세 | 2,182 |
| 3번 일반조세 | 6,000 | 4,909 | 1번 과태료 | 1,091 |

1번 과태료는 1단계 안분배당으로 3,273만 원을 배당받는다.

2번 저당권은 가장 열후한 후순위인 3번 일반조세에서 2,182만 원을 흡수하고, 채권액 1억 2,000만 원을 충족하고 종결한다.

3번 일반조세는 가장 열후한 후순위인 1번 과태료에서 흡수한다.

## 3단계 순환흡수배당 및 정산

3번 일반조세는 3,818만 원(*1단계 안분배당액 4,909만 원+과태료로부터 흡수한 금액 1,091만 원-2번 2당권으로부터 흡수당한 금액 2,182만 원)을 배당받고 종결,

1번 과태료는 2,182만 원(*1단계 안분배당액 3,273만 원-3번 일반조세로부터 흡수당한 금액 1,091만 원)을 배당받고 종결한다.

# 13 당해세 배당

다음의 예와 같다고 가정해보자.

첫째, 서울의 아파트이며, 경매집행비용을 제외한 배당금은 2억 원

둘째, 임차인이 배당(배분)요구신청을 하였으면 '유'로 표시

| 번호 | 대항·접수일 | 내용 | 확정·법정일자 | 금액(만 원) | 배당요구 | 배당금(만 원) |
|------|-------------|------|----------------|-------------|----------|----------------|
| 1 | 2019. 3. 9 | 저당권 | | 10,000 | | 10,000 |
| 2 | 2020. 3. 9 | 임차인 | 2020. 3. 9 | 10,000 | 유 | 8,000 |
| 3 | 2021. 3. 9 | 압류 당해세 | 2020. 3. 9 | 2,000 | | 2,000 |

〈배당개요〉

2번 임차인은 대항력이 없으나 배당요구신청이 있다. 2019. 3. 9에 설정된 1번 저당권을 기준으로 2018. 9. 18에서 2021. 5. 10 사이의 기간 동안에 시행되던 주택임대차보호법상 보증금이 서울특별시 1억 1,000만 원 이하의 소액보증금에 해당하고, 3,700만 원을 최우선적으로 변제받을 수가 있고, 확정일자도 있어 비록 1번 저당권보다는 후순위이지만 우선변제권도 있다.

〈배당금 2억 원〉

1순위로 2번 임차인이 최우선변제금으로 3,700만 원을 배당받고, 배당 잔액은 1억 6,300만 원,

2순위로 3번 당해세가 2,000만 원을 배당받고, 배당잔액은 1억 4,300만 원,

3순위로 1번 저당권이 1억 원을 배당받고, 배당잔액은 4,300만 원,

4순위로 2번 임차인이 최우선변제금 3,700만 원에 확정일자에 의한 우선변제권으로 다시 배당잔액 4,300만 원을 추가로 배당받아 8,000만 원을 배당받는다.

〈배당결과〉

임차인은 확정일자가 있더라도 우선변제권이 후순위인 탓에 보증금 2,000만 원을 손해보았다.

## 14 조세의 법정기일이 담보물권보다 빠른 경우

다음의 예와 같다고 가정해보자.

첫째, 서울의 아파트이며, 경매집행비용을 제외한 배당금은 2억 원

둘째, 임차인이 배당(배분)요구신청을 하였으면 '유'로 표시

| 번호 | 대항·접수일 | 내용 | 확정·법정일자 | 금액(만 원) | 배당요구 | 배당금(만 원) |
|---|---|---|---|---|---|---|
| 1 | 2018. 3. 9 | 임차인 | | 10,000 | 유 | 3,700 |
| 2 | 2019. 3. 9 | 서당권 | | 10,000 | | 4,300 |
| 3 | 2020. 3. 9 | 압류 일반조세 | 2019. 1. 7 | 8,000 | | 8,000 |
| 4 | 2021. 3. 9 | 압류 당해세 | 2020. 8. 8 | 4,000 | | 4,000 |

〈배당개요〉

1번 임차인은 대항력이 있고, 배당요구신청이 있다. 2019. 3. 9에 설정된 2번 저당권을 기준으로 2018. 9. 18에서 2021. 5. 10 사이의 기간 동안에 시행되던 주택임대차보호법상 보증금이 서울특별시 1억 1,000만원 이하의 소액보증금에 해당하고, 3,700만 원을 최우선적으로 변제받을 수가 있다. 그러나 확정일자가 없어 우선변제권이 없다.

〈배당금 2억 원〉

1순위로 1번 임차인이 최우선변제금으로 3,700만 원을 배당받고, 배당 잔액은 1억 6,300만 원.

2순위로 4번 당해세가 4,000만 원을 배당받고 종결하고, 배당잔액은 1억 2,300만 원.

3순위로 3번 일반조세가 된다. 왜냐하면 3번 일반조세가 비록 2번 저당권보다 압류는 늦게 하였으나 법정기일이 빠르기 때문에 저당권보다 선순위로 8,000만 원을 먼저 배당받고 종결하고, 배당잔액은 4,300만 원.

4순위로 2번 저당권이 배당잔액으로 남아 있는 4,300만 원을 배당받는다.

〈배당결과〉

임차인은 대항력이 있으나 확정일자가 없기 때문에 우선변제권이 없어 우선변제금을 받지 못하고 최우선변제금을 3,700만 원만 받았기 때문에 부족금 6,300만 원에 대해서는 낙찰자로부터 회수하여야 할 것이고, 저당권은 법정기일이 빠른 조세채권으로 인하여 손해를 보았다.

# 15 일반조세 배당

다음의 예와 같다고 가정해보자.

첫째, 서울의 아파트, 경매집행비용을 제외한 배당금은 2억 원

둘째, 임차인이 배당(배분)요구신청을 하였으면 '유'로 표시

| 번호 | 대항·접수일 | 내용 | 확정·법정일자 | 금액(만 원) | 배당요구 | 배당금(만 원) |
|------|------------|------|--------------|-------------|----------|---------------|
| 1 | 2018. 3. 9 | 저당권 | | 4,000 | | 4,000 |
| 2 | 2019. 3. 9 | 임차인 | 2019. 3. 9 | 8,000 | 유 | 8,000 |
| 3 | 2020. 3. 9 | 압류 일반조세 | 2019. 9. 9 | 2,000 | | 2,000 |
| 4 | 2021. 3. 9 | 임차인 | 2021. 3. 9 | 12,000 | 유 | 6,000 |

〈배당개요〉

2번과 4번 임차인은 모두 대항력이 없고, 배당요구신청이 있다. 2018. 3. 9에 설정된 1번 저당권을 기준으로 2016. 3. 31에서 2018. 9. 17 사이의 기간 동안에 시행되던 주택임대차보호법상 보증금이 서울특별시 1억 원 이하의 소액보증금에 해당하고, 3,400만 원을 최우선적으로 변제받을 수 있는데, 2번 임차인은 소액보증금에 해당되므로 최우선변제권이 있고, 4번 임차인은 현재로는 소액보증금에 해당되지 않으므로 최우선변제권이 없다. 그리고 임차인 모두 확정일자가 있기 때문에 우선변제권이 있다.

〈배당금 2억 원〉

1순위로 2번 임차인이 최우선변제금으로 3,400만 원을 배당받고, 배당잔액은 1억 6,600만 원,

2순위로 1번 저당권이 4,000만 원을 배당받고 종결하고, 배당잔액은 1억 2,600만 원이다.

〈배당잔액 1억 2,600만 원〉

1번 저당권이 배당종결하여 기준이 소멸하므로 임차인의 소액보증금 여부는 2021. 5. 11~현재까지는 보증금이 1억 5,000만 원 이하의 소액보증금에 해당하고, 최우선변제금이 5,000만 원인 현행기준을 적용하여야 한다. 따라서 현행기준으로 4번 임차인의 보증금도 소액보증금에 해당하므로 최우선변제권이 있다. 그리고 2번 임차인도 현행기준으로 다시 적용받아야 하므로 최우선변제금을 추가로 배당받을 수 있다.

그런데 최우선변제금은 주택가액의 1/2 은 범위 내에서 받는 것이므로, 배당잔액 1억 2,600만 원의 1/2은 6,300만 원인데, 2번 임차인의 잔여 최우선변제금 1,600만 원(*현행기준으로는 최우선변제금이 5,000만 원인데 3,400만 원은 먼저 배당받았으므로)을 추가로 배당받아야 하고, 4번 임차인 최우선변제금 5,000만 원을 배당받아야 한다. 그런데 합계채권액이 6,600만 원이므로 채권액 비율대로 안분배당하여야 한다.

따라서

| 채권자 | 안분 내용 | 금액(만 원) |
|---|---|---|
| 2번 임차인 | 주택가액 1/2인 6,300만 원×채권액 1,600만 원÷<br>최우선변제금 합계채권액 6,600만 원 | 1,527 |
| 4번 임차인 | 주택가액 1/2인 6,300만 원×채권액 5,000만 원÷<br>최우선변제금 합계채권액 6,600만 원 | 4,773 |

2번 임차인은 최우선변제금으로 4,927만 원(*1차로 배당받은 최우선변제금 3,400만 원+2차로 추가배당 최우선변제금 1,527만 원)을 배당받고,

4번 임차인은 최우선변제금으로 4,773만 원을 배당받고, 배당잔액은 6,300만 원이다.

〈배당잔액 6,300만 원〉

2번 임차인이 보증금 8,000만 원 중에서 최우선변제금으로 4,927만 원을 배당받았는데, 확정일자에 의한 우선변제권으로 보증금 부족분 3,073만 원을 추가 배당받아서 보증금 8,000만 원을 전액 배당받고 종결하고, 배당잔액은 3,227만 원,

3번 일반조세가 2,000만 원을 배당받고, 배당잔액은 1,227만 원,

4번 임차인이 우선변제권으로 배당잔액 1,227만 원을 배당받아서 보증금 12,000만 원 중 6,000만 원(*최우선변제금 4,773만 원+우선변제금 1,227만 원)을 배당받고 종결한다.

〈배당결과〉

확정일자를 받은 4번 임차인은 확정일자를 받았다 하더라도 우선변제권이 후순위가 되어 보증금을 6,000만 원이나 손해를 보고 말았다. 확정일자가 만능은 아니기 때문에 임대차계약 전에는 반드시 임차보증금 안전성에 대하여 점검·확인하여야 한다.

다음의 예와 같다고 가정해보자.

단, 경매집행비용(체납처분비용)을 제외한 배당금은 2억 원

| 번호 | 접수일 | 내용 | 법정일자 | 금액(만 원) | 배당요구 | 배당금(만 원) |
|------|---------|------|-----------|--------------|-----------|----------------|
| 1 | 2018. 3. 9 | 압류 일반조세 | 2018. 1. 5 | 4,000 | | 4,000 |
| 2 | 2019. 3. 9 | 저당권 | | 8,000 | 유 | 2,000 |
| 3 | 2020. 3. 9 | 압류 일반조세 | 2017. 9. 9 | 2,000 | | 2,000 |
| 4 | 2021. 3. 9 | 교부청구 당해세 | 2020. 3. 9 | 12,000 | 유 | 12,000 |

〈배당개요〉

당해세는 압류의 유무와 관계없이, 법정기일이 언제인지를 불문하고 조세 중에서는 언제나 1순위이며, 당해세 상호 간에는 압류선착주의가 적용된다. 또한 당해세를 제외한 일반조세 간에는 법정기일로 순위를 결정하는 것이 아니고 선착압류가 우선순위이다. 그리고 법정기일이 빠른 일반조세는 담보물권보다 선순위이다.

배당순위가

1순위는 4번 당해세,

2순위는 1번 일반조세가 담보물권보다 법정기일이 빠르고, 물론 3번

일반조세가 법정기일이 제일 빠르지만 조세 간에는 선착압류가 선순위

이므로 1번 일반조세 〉 2번 저당권,

3순위는 3번 일반조세 〉 2번 저당권,

4순위는 2번 저당권이다.

따라서 4번 당해세 〉 1번 일반조세 〉 3번 일반조세 〉 2번 저당권 순서로 배당한다.

〈배당금 2억 원〉
4번 당해세가 1억 2,000만 원을 배당받고 종결하고, 배당잔액은 8,000만 원,

1번 일반조세가 4,000만 원을 배당받고 종결, 배당잔액은 4,000만 원,

3번 일반조세가 2,000만 원을 배당받고 종결하고, 배당잔액은 2,000만 원,

2번 저당권이 배당잔액 2,000만 원을 배당받는다.

# 17 일반조세와 일반임금채권 배당

다음의 예와 같다고 가정해보자.

첫째, 서울의 아파트이며, 경매집행비용을 제외한 배당금은 2억 원

둘째, 임차인이 배당(배분)요구신청을 하였으면 '유'로 표시

| 번호 | 대항 · 접수일 | 내용 | 확정·법정일자 | 금액(만 원) | 배당요구 | 배당금(만 원) |
|------|--------------|------|---------------|-------------|----------|----------------|
| 1 | 2018. 3. 9 | 압류 일반조세 | 2017. 3. 9 | 4,000 | | 4,000 |
| 2 | 2019. 3. 9 | 임차인 | 2019. 3. 9 | 8,000 | 유 | 8,000 |
| 3 | 2020. 3. 9 | 압류 당해세 | 2018. 3. 9 | 4,000 | | 4,000 |
| 4 | 2021. 3. 9 | 일반임금채권 | 2020. 3. 9 | 6,000 | 유 | 4,000 |

〈배당개요〉

2번 임차인은 대항력이 없고, 배당요구신청이 있다. 저당권이 없으므로 주택임대차 보호법은 2021.5.11.이후부터에 해당되고 있으므로 보증금이 서울특별시 1억 5,000만 원 이하의 소액보증금에 해당하고, 5,000만 원을 최우선적으로 변제받을 수 있다. 그리고 임차인이 확정일자도 있어 우선변제권도 있다.

배당순위는 담보물권이 있는 경우에 해당하므로

2번 임차인 최우선변제권 〉 3번 당해세 〉 1번 일반조세 〉 2번 임차인 우선변제권 〉 일반임금채권이다.

〈배당금 2억 원〉

2번 임차인이 최우선변제금으로 5,000만 원을 배당받고, 배당잔액은 1억 5,000만 원,

3번 당해세가 4,000만 원을 배당받고 종결하고, 배당잔액은 1억 1,000만 원,

1번 일반조세가 4,000만 원을 배당받고 종결하고, 배당잔액은 7,000만 원이다.

〈배당잔액 7,000만 원〉

2번 임차인이 우선변제권으로 3,000만 원을 추가 배당받아 보증금 8,000만 원(*최우선변제금 5,000만 원+우선변제금 3,000만 원)을 전액 회수하고 종결한다. 이제 배당잔액은 4,000만 원이다.

4번 일반임금채권이 배당잔액 4,000만 원을 배당받는다.

# 18 · 담보물권 · 임차인의 우선변제권 등이 없는 경우

다음의 예와 같다고 가정해보자.

단, 경매집행비용(체납처분비용)을 제외한 배당금은 2억 원

| 번호 | 접수일 | 내용 | 법정일자 | 금액(만 원) | 배당요구 | 배당금(만 원) |
|------|--------|------|----------|-------------|----------|----------------|
| 1 | 2018. 3. 9 | 압류 일반조세 | 2017. 9. 3 | 4,000 | | 4,000 |
| 2 | 2019. 3. 9 | 일반임금채권 | | 8,000 | 유 | 8,000 |
| 3 | 2020. 3. 9 | 교부청구 일반조세 | 2019. 9. 3 | 6,000 | 유 | 2,000 |
| 4 | 2021. 3. 9 | 교부청구 당해세 | 2020. 9. 3 | 6,000 | 유 | 6,000 |

〈배당개요〉

경·공매 물건에서 임차인이 우선변제권이 없거나 담보물권이 없는 등기부는 찾아보기 드물지만 담보물권 등이 없는 경우의 배당순위는 지금까지의 배당순위와는 많이 다르다. 그리고 당해세는 압류를 한 것이든 교부청구를 한 것이든 관계없다.

배당순위는

담보물권, 임차인의 우선변제권 등이 없는 경우의 배당순위는 집행비용(체납처분비) 〉 최우선변제금 〉 일반임금채권 〉 당해세 〉 일반조세채권 〉 공과금 〉 일반채권 순이다.

따라서 일반임금채권 〉 당해세 〉 압류 일반조세 〉 교부청구 일반조세
순이다.

〈배당금 2억 원〉
2번 일반임금채권이 8,000만 원을 배당받고 종결하고, 배당잔액은 1억
2,000만 원,

4번 교부청구 당해세가 6,000만 원을 배당받고 종결하고, 배당잔액은
6,000만 원,

1번 압류 일반조세가 4,000만 원을 배당받고 종결하고, 배당잔액은
2,000만 원,

3번 교부청구 일반조세가 2,000만 원을 배당받는다.

# 경매에서 압류에 대한 배당

다음의 예와 같다고 가정해보자.

단, 경매집행비용(체납처분비용)을 제외한 배당금은 2억 원

| 번호 | 접수일 | 내용 | 법정일자 | 금액(만 원) | 배당요구 | 배당금(만 원) |
|---|---|---|---|---|---|---|
| 1 | 2018. 3. 9 | 압류 일반조세 | 2017. 9. 3 | 4,000 | | 4,000 |
| 2 | 2019. 3. 9 | 저당권 | | 8,000 | | 8,000 |
| 3 | 2020. 3. 9 | 압류 일반조세 | 2019. 9. 3 | 6,000 | | 2,667 |
| 4 | 2021. 3. 9 | 교부청구 일반조세 | 2020. 9. 3 | 12,000 | 유 | 5,333 |

〈배당개요〉

법원경매의 배당절차에서는 압류선착주의를 적용하며, 선착압류 외에는 모두 동순위로, 즉 선착압류 〉 참가압류 = 교부청구 순으로 배당한다.

따라서 1번 압류 일반조세(*선착압류) 〉 2번 저당권 〉 3번 압류 일반조세(*참가압류) = 교부청구 일반조세 순으로 배당한다.

〈배당금 2억 원〉

1번 압류 일반조세가 4,000만 원을 배당받고 종결하고, 배당잔액은 1억 6,000만 원.

2번 저당권이 8,000만 원을 배당받고 종결하고, 배당잔액은 8,000만 원이다.

〈배당잔액 8,000만 원〉

배당잔액 8,000만 원은 3번 압류 일반조세와 교부청구 일반조세는 동순위이므로 배당잔액 8,000만 원을 채권합계액 1억 8,000만 원(*3번 압류 일반조세 6,000만 원+4번 교부청구 일반조세 1억 2,000만 원)으로 하여 채권액 비율대로 안분배당을 한다.

3번 압류 일반조세 : 배당잔액 8,000만 원×채권액 6,000만 원÷채권합계액 1.8억 원=2,667만 원을 배당받고,

4번 교부청구 일반조세 : 배당잔액 8,000만 원×채권액 1억 2,000만 원÷채권합계액 1.8억 원=5,333만 원을 배당받는다.

다음의 예와 같다고 가정해보자.

단, 경매집행비용(체납처분비용)을 제외한 배당금은 2억 원

| 번호 | 접수일 | 내용 | 법정일자 | 금액(만 원) | 배당요구 | 배당금(만 원) |
|------|--------|------|----------|-------------|----------|---------------|
| 1 | 2018. 3. 9 | 압류 일반조세 | 2017. 9. 3 | 4,000 | | 4,000 |
| 2 | 2019. 3. 9 | 저당권 | | 8,000 | | 8,000 |
| 3 | 2020. 3. 9 | 압류 일반조세 | 2019. 9. 3 | 6,000 | | 6,000 |
| 4 | 2021. 3. 9 | 교부청구 일반조세 | 2020. 9. 3 | 12,000 | 유 | 2,000 |

〈배당개요〉

공매의 배분절차에서는 압류선착주의를 적용하며, 선착압류 외에는 선착압류 〉 참가압류 〉 교부청구 순으로 배당한다.

따라서 1번 압류 일반조세(*선착압류) 〉 2번 저당권 〉 3번 압류 일반조세 (*참가압류) 〉 교부청구 일반조세 순으로 배당한다.

〈배당금 2억 원〉

1번 압류 일반조세가 4,000만 원을 배당받고 종결하고, 배당잔액은 1억 6,000만 원,

2번 저당권이 8,000만 원을 배당받고 종결하고, 배당잔액은 8,000만 원,

3번 압류 일반조세가 6,000만 원을 배당받고 종결하고, 배당잔액은 2,000만 원,

4번 교부청구 일반조세가 2,000만 원을 배당받는다.

## 부동산 실전핵심 권리분석과
## 부실채권 배당 완전 정복

제1판 1쇄 | 2022년 1월 11일

지은이 | 김규석
펴낸이 | 유근석
펴낸곳 | 한국경제신문*i*
기획제작 | (주)두드림미디어
책임편집 | 우민정   디자인 | 얼앤똘비악earl_tolbiac@naver.com

주소 | 서울특별시 중구 청파로 463
기획출판팀 | 02-333-3577
E-mail | dodreamedia@naver.com
등록 | 제 2-315(1967. 5. 15)

ISBN   978-89-475-4779-6 (03320)

**책** 내용에 관한 궁금증은 표지 앞날개에 있는 저자의 이메일이나
저자의 각종 SNS 연락처로 문의해주시길 바랍니다.

# 한국경제신문*i* 부동산 도서 목록

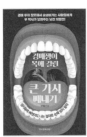

# 한국경제신문 $i$ 부동산 도서 목록

감정평가사가 알려주는
정년 없는 부동산 경매

구만수 박사
토지 투자, 모르면 하지 마!

국가대표급!
땅 투자 선수되기

세미 셀프 인테리어 시대가 왔다

부동산 실버사업 CEO 30대에 시작하기

집에서 상가까지
부동산 투자의 시작, 무결점 법인 만들기

이것이 진짜 실수한 부동산 투자다

엄마라서 잘 할 수 있는
부동산 실거주 투자
내 집 마련도 공부가 필요하다

투자의 길에서
부동산 멘토를 만나다

투자의 집중도를 높이기 위한
부동산 생존 투자 전략

은퇴 후 월세 1,000만 원 받기

평범한 직장인, 2억 원으로
바닷가 게스트하우스 건축하기

나홀로 가는
부동산 투자 여행
베트남 편

내 집 마련, 서울 대장 아파트에 답이 있다!

월급쟁이,
부동산 경매로 벤츠 타다

나는 펜션 창업으로 역대 연봉 사장이 되었다

부동산 중개, 이제 GIS 시대다!

엘렌
글로벌 부동산 투자 가이드

부동산 답이 보인다
돈 되는 빌라 제대로 따져보기

고종옥 박사의 서바이벌 스토리
월세 부자

# 한국경제신문i 부동산 도서 목록

# 한국경제신문*i* 부동산 도서 목록

㈜두드림미디어 카페, (https://cafe.naver.com/dodreamedia)